현대심리학으로 풀어본

대승기신론

서광 스님 지음

현대심리학으로 풀어본
대승기신론

| 서문 |

　대승기신론은 대승불교의 핵심적 사상을 요약적으로 설명하고 있다. 특히 마음의 본질과 작용, 그리고 깨달은 마음과 깨닫지 못한 마음에 대한 체계적 설명을 통해서 깨달음과 무지에 대한 정의를 명확히 보여주고 있다. 또 마음이 오염되는 과정과 오염된 마음을 정화시키는 과정을 단계별로 보여줄 뿐만 아니라 구체적인 수행방법까지 제시하고 있다. 나아가서 자신의 수행이 어느 정도 진전되고 어느 단계에 와 있는지 참고할 수 있는 수행지침서로도 아주 중요하다.
　그러므로 마음수행을 하는 사람들이라면 누구나 반드시 읽고 가야 할 아주 소중한 가르침이다. 그럼에도 불구하고 저자가 책의 첫머리에 밝혔듯이 대승기신론은 불교의 방대하고 심오한 가르침을 전체적으로 아주 최대로 압축해서 요약했다.
　한마디로 이해수준이 높고 정신수준이 높아서 많은 설명이 필요하지 않는 사람들을 위해서 썼다는 것이다. 그러므로 대승기신론은 처음부터 누구든지 이해할 수 있는 그런 내용은 아니었다.

그런데 무려 천오백년이 지난 지금에 와서 평범한 우리들이 이해하는 것은 더욱 무리일 수밖에 없다. 그 결과 지금껏 무수히 많은 해석서가 나왔다. 국내에서도 여러 종류의 번역서와 해석서가 출판되었다.

그러나 지금까지 소개된 책들은 모두 동일한 전통적인 체계를 따르고 있거나 한자 용어를 그대로 사용하고 있어서 현대인들이 이해하기에는 적지 않은 어려움이 있다.

그래서 본서는 전통적인 분류체계를 따르지 않고 이해를 중심으로 한문내용의 순서를 유지하면서 장과 절을 새로 나누고 용어도 이해하기 쉬운 현대어로 바꾸었다. 따라서 어떤 부분은 다소 무리가 따르고 경우에 따라서는 원래의 내용이 왜곡되었을지도 모르겠다.

그러나 마음 수행을 하는 사람들에게는 너무나 중요한 가르침이기에 그러한 허물을 감수하고 우리가 알 수 있는 말과 표현으로 함께 논의하고 바른 뜻을 찾아가면서 마음 공부에 도움이 되고자 하는 마음에서 시도했다.

기신론을 이해하는 과정에서 원효 스님의 소(은정희 역주)와 감산 대사의 풀이(송찬우 역)를 주로 참고했다.

| 차 례 |

서문…4
귀경게…13

1장_ 도입

I. 서론…17
1. 저술동기…17
2. 책의 구성…17
3. 저술목적…18

II. 핵심개요…21
1. 대승의 본질…21
2. 대승의 의미…23
3. 대승불교의 본질과 의미를 설명하는 목적…25

2장_ 마음의 양면성

I. 진여심…31
1. 진여의 특징…31

2. 진여를 깨닫는 방법…35
   3. 진여의 의미…39
      (1) 공(空)과 불공(不空) 39 / (2) 공(空) 41 / (3) 불공(不空) 43

II. 생멸심…44
   1. 마음이 생멸하는 원인…44
   2. 저장식의 작용…46

3장_ 깨달음과 무지

I. 깨달음…51
   1. 깨달음이란…51
   2. 깨달음의 수준…53
      (1) 인과(因果)에 대한 깨달음 55 / (2) 본질과 현상에 대한 깨달음 56
      (3) 현상의 동질성에 대한 깨달음 57 / (4) 본질과 현상의 동일성과 차이에 대한 깨달음 58 / (5) 완전한 깨달음 60
   3. 선천적 깨달음의 특징…62
      (1) 무지에 물들지 않는다 64 / (2) 불가사의한 작용으로 중생을 이익되게 한다 68
   4. 선천적 깨달음의 작용…69
      (1) 텅 빈 거울과 같다 69 / (2) 지혜종자를 물들이고 익히게 하는 거울이다 70 / (3) 현상적 차별로부터 자유로운 거울이다 72 / (4) 인연을 물들이는 거울이다 73

II. 무지…75
   1. 깨닫지 못했다는 것은…75
   2. 무지의 특징…77
      (1) 무지로 인한 행위가 생겨난다 78 / (2) 인식의 주체가 생겨난다 78

(3) 인식의 대상이 생겨난다 78
　3. 무지의 작용…79
　4. 심상은 무지의 소산…82
　5. 깨달음과 깨닫지 못함의 공통점과 차이점…83
　　　(1) 공통점 84 / (2) 차이점 84

4장_오염된 마음의 생멸

I. 생멸의 원인과 조건…89
　1. 마나식의 작용…90
　2. 의식의 작용…93
　3. 저장식의 작용…96
　4. 마음의 본질…98
　5. 무명의 정의…99

II. 마음의 오염과 정화…100
　1. 집착을 따라서 일어나는 오염…101
　2. 끊어지지 않고 계속되는 오염…102
　3. 분별해서 아는 오염…103
　4. 인식대상의 오염…104
　5. 인식주관의 오염…105
　6. 저장식의 오염…106
　7. 오염의 정화…107

III. 상응, 불상응, 오염의 의미…108
　1. 상응이란…108
　2. 불상응이란…110
　3. 오염된 마음이란…111

Ⅳ. 오염된 마음의 생멸작용…113
  1. 의식적 생멸작용…113
  2. 무의식적 생멸작용…114
  3. 마음이 생멸하는 이유…116

5장 _ 깨달음과 생사윤회의 갈림길

Ⅰ. 생사윤회로 가는 길…125
   1. 인식대상에 대한 그릇된 작용…127
   2. 인식주관에 대한 그릇된 작용…129
   3. 무명의 그릇된 작용…131

Ⅱ. 깨달음으로 나아가는 길…132
   1. 진여수행…132
   2. 망심의 진여수행…135
   3. 두 종류의 진여수행…137
     (1) 내면에서 작용하는 진여수행 138
     (2) 외부에서 작용하는 진여수행 142
   4. 깨달음의 원인과 조건으로서의 진여수행…146
   5. 실상의 출현과 허상의 생멸…149
   6. 진여의 본질과 특징…151
   7. 진여의 작용…156
   8. 범부와 보살의 마음에서 작용하는 진여…158

6장 _ 생사에서 열반으로

Ⅰ. 그릇된 집착을 고쳐서 바로잡음…168

1. 범부들의 그릇된 견해…169
　　2. 성문·연각승의 그릇된 견해…175

II. 세속과 열반의 상대성…178
　　1. 불가설의 진리…179
　　2. 불가설을 설하는 취지…180

III. 깨달음을 향해 나아가는 단계…182
　　1. 믿음의 단계에서 발심…183
　　　(1) 수행대상 183 / (2) 수행형태 185 / (3) 발심의 공덕 189
　　2. 이해와 실천단계에서 발심…191
　　3. 깨달음의 단계에서 발심…193
　　4. 보살수행의 완성…197

7장_ 믿음과 실천수행

I. 4가지 믿음…203
　　1. 진여에 대한 믿음…204
　　2. 부처님의 공덕에 대한 믿음…205
　　3. 부처님의 가르침에 대한 믿음…206
　　4. 수행자에 대한 믿음…207

II. 5가지 실천수행…208
　　1. 보시…209
　　2. 지계…209
　　3. 인욕…210
　　4. 정진…211
　　5. 지관…212

III. 지관수행…213
   1. 멈춤(止)수행…213
   2. 수행과정에서 일어나는 장애…216
   3. 삼매를 닦음으로써 얻어지는 이익…220
   4. 위빠사나 수행…221

IV. 선과 위빠사나 수행의 관계…224
   1. 선과 위빠사나의 병행…224
   2. 선과 위빠사나의 상호의존성…226

V. 정토왕생…230

VI. 수행의 공덕…232

회향…235

이 세상에서 가장 높고 큰 자비심과 완전한 지혜를 갖추시고

육신의 한계를 초월하여 자유자재하시어

고통하는 중생을 불쌍히 여겨 구제하시는 부처님과

온 우주가 실로 한몸이며

일체가 평등하다는 부처님의 가르침과

한량없는 공덕으로 불법을 만나

너와 내가 둘이 아님을 깨달아서

일체의 차별심을 여의고자 수행하는 분들에게

이 목숨 바쳐서 공경하고 따르옵니다.

歸命盡十方 最勝業徧知 色無㝵自在 救世大悲者 及彼身體相 法性眞
如海 無量功德藏 如實修行等

● 1장

도입

1장 도입

I. 서론

1. 저술동기

爲欲令衆生 除疑捨邪執 起大乘正信 佛種不斷故

이 책은 우리 모두가 한몸이고 한마음이라는 부처님의 가르침을 의심하고 제대로 이해하지 못하기 때문에 자아에 집착하고 정신적 물질적 현상에 집착한 결과 고통하는 사람들을 위해서 쓰여진 것이다. 그리하여 고통하는 중생들로 하여금 의심과 집착을 버리게 함으로써 다함께 더불어 깨달음으로 나아가고자 하는 대승불교의 가르침에 올바른 믿음을 일으켜서 깨달음의 종자가 끊어지지 않도록 하기 위함이다.

2. 책의 구성

論曰 有法能起摩訶衍信根 是故應說 說有五分 云何爲五 一者因緣分

二者立義分 三者解釋分 四者修行信心分 五者勸修利益分

모두가 한마음이라는 가르침을 잘 이해하면 반드시 대승불교에 대한 믿음의 뿌리를 불러일으킬 것이기 때문에 한마음에 대한 가르침을 설명하고자 한다. 그 구체적인 내용은 다음의 다섯 단계로 나누어서 설명할 것이다. 첫째 저술 목적, 둘째 핵심개요, 셋째 세부적 해석, 넷째 실천 수행, 다섯째 수행 결과 얻어지는 이익이다.

3. 저술목적

問曰 有何因緣而造此論 答曰 是因緣有八種 云何爲八 一者因緣總相 所謂爲令衆生離一切苦 得究竟樂 非求世間名利恭敬故 二者爲欲解釋如來根本之義 令諸衆生正解不謬故 三者爲令善根成熟衆生 於摩訶衍法堪任不退信故 四者爲令善根微少衆生修習信心故 五者爲示方便消惡業障 善護其心 遠離癡慢 出邪網故 六者爲示修習止觀 對治凡夫二乘心過故 七者爲示專念方便 生於佛前 必定不退信心故 八者爲示利益勸修行故 有如是等因緣 所以造論

問曰 脩多羅中具有此法 何須重說 答曰 脩多羅中雖有此法 以衆生根行不等 受解緣別 所謂如來在世 衆生利根 能說之人色心業勝 圓音一演 異類等解 則不須論 若如來滅後 或有衆生能以自力廣聞而取解者 或有衆生亦以自力少聞而多解者 或有衆生無自心力 因於廣論而得

解者 亦有衆生復以廣論文多爲煩 心樂總持少文而攝多義能取解者 如是此論 爲欲總攝如來廣大深法無邊義故 應說此論

이 책은 다음의 8가지 목적으로 저술했다.

첫째, 궁극적으로는 사람들로 하여금 생사의 고통과 괴로움에서 벗어나 깨달음의 기쁨을 얻도록 하기 위함이다. 세속적인 명예나 이익, 또는 존경을 구하기 위해서가 아니다.

둘째, 부처님의 본질적이고 근본적인 가르침을 잘 해석해서 모든 이들이 올바르게 이해하고 그릇되게 알지 않도록 하기 위함이다.

셋째, 본래부터 중생이 가지고 있는 선의 뿌리를 성장시켜서 깨달음을 향한 보살 수행을 통해서 믿음에서 물러나지 않게 하기 위함이다.

넷째, 믿음의 뿌리가 약한 중생으로 하여금 믿음을 닦아 익히게 하기 위함이다.

다섯째, 구체적인 수행방법을 제시함으로써 악행의 장애를 제거하고 선을 행하는 마음을 보호하고 어리석음과 아만을 멀리하여 삿되고 그릇된 관념의 속박에서 벗어나도록 하기 위함이다.

여섯째, 마음을 고요하게 머물도록 하는 수행과 모든 것을 있는 그대로 통찰하는 수행을 닦아 익히는 방법을 보여줌으로써, 일반 중생과 또 부처님의 법을 듣거나 스스로 인연법을 알고 깨달음을 얻었지만 다른 중생들도 함께 깨달음을 얻도록 도와주지 않는 성문과 연각승의 잘못을 바로 고쳐주기 위해서다.

일곱째, 염불에 전념함으로써 극락정토에 다시 태어나서, 그곳에서 부처님의 가르침을 받들어 수행함으로써 절대로 물러나지 않는 신심을 얻을 수 있는 길을 보여주기 위함이다.

여덟째, 수행 결과 얻게 될 이익을 보여주고 수행하고자 하는 마음을 불러일으키고자 함이다.

그런데 그와 같은 내용들은 이미 수많은 경전에 설명되어 있는데 새삼스럽게 다시 설명할 이유가 있는가? 경전에도 그러한 가르침이 있기는 하지만 사람마다 수준이 다르기 때문에 알아듣고 이해하는 정도도 또한 제각기 다르다.

다시 말해서 부처님이 세상에 계실 때에는 사람들의 수준이 높았고 설명하시는 부처님 또한 신체적·정신적 표현이 뛰어나서 원음(圓音)[1]으로 한번 연설하시면 수준이 제각각인 온갖 종류의 중생들이 똑같이 이해할 수 있기 때문에 따로 논의가 필요하지 않았다. 그러나 부처님이 열반에 드신 후에는 어떤 중생은 많이 들어야 이해하고, 어떤 중생은 적게 듣고도 많이 알고, 어떤 중생은 부처님 말씀을 해석해 놓은 글을 통해서 이해하기도 하고, 또 어떤 중생은 부처님 말씀을 해석해 놓은 글이 많고 번

---

1) 온 우주가 모두 알아듣는 보편적 음성.

거룝다고 진언과 같이 분량이 적으면서 많은 뜻을 내포하고 있는 것을 좋아하고 잘 이해하는 사람도 있다. 그래서 이 책은 부처님의 방대하고 심오한 가르침의 의미를 전체적으로 개괄하고자 하는 뜻에서 지은 것이다.[2]

II. 핵심개요

已說因緣分 次說立義分 摩訶衍者總說有二種 云何爲二 一者法 二者義

이미 앞에서 이 책의 저술 동기와 목적을 설명했으므로 다음에는 전체적인 개요를 설명할 것이다. 대승은 크게 대승의 본질과 대승의 의미로 나누어서 설명할 수 있다.

1. 대승의 본질

所言法者 謂衆生心 是心則攝一切世間法出世間法 依於此心顯示摩訶

---

2) 길고 방대한 것을 싫어하고 핵심개요만을 원하는 사람을 위해서 지은 것이다.

衍義 何以故 是心眞如相 卽示摩訶衍體故 是心生滅因緣相 能示摩訶衍自體相用故

대승의 본질은 중생의 마음이다. 중생의 마음은 세속적 마음과 깨달음의 마음을 함께 가지고 있다.[3] 따라서 대승의 의미는 중생이 가지고 있는 두 마음을 통해서 표현될 수 있다. 어떻게 대승의 의미가 중생의 마음을 통해서 드러나는가? 중생이 가지고 있는 두 가지 마음 가운데 본래부터 깨달음의 상태에 있는 마음 즉 진여는 대승의 본질을 보여주고, 인연 따라 생멸하는 세속적 마음은 대승의 본질이 환경과 조건에 따라서 변화하는 모양과 작용을 보여주기 때문이다.

설명

근본불교가 부처님을 주인공으로 삼았다면 대승불교는 중생을 주인공으로 내세우고 있다. 근본불교에서는 부처와 중생을 이원적으로 구분하여 중생은 아무리 수행을 해도 부처가 될 수 없다. 중생으로서 최고 경지는 부처님보다 한 단계 아래인 아라한의 경지다. 그러나 대승불교에서는 중생과 부처를 이원적으로 보지 않고 하나로 본다. 그래서 근본불교에서는 부처와 중생

---

3) 세속적 마음-주객을 분별함으로써 생사윤회하는 삶의 고락을 있게 하는 마음. 깨달음의 마음-주객의 분별을 버림으로써 우주와 하나가 되어 생사윤회하는 삶의 고락을 초월해서 불생불멸의 삶을 있게 하는 마음.

이 본질적으로 차이가 있고 그 차원이 다르지만, 대승불교에서는 부처와 중생의 차이가 본질적인 것이 아니라 현상적인 것이고 겉모양의 차이에 불과하다. 즉 부처는 순수한 깨달음만 있는 상태고, 중생은 순수한 깨달음이 어리석음과 망상으로 뒤덮여 있어서 부처인 자신을 보지 못하고 있는 상태일 뿐이다. 그래서 불성을 덮고 있는 중생의 어리석은 마음은 생멸하고, 중생의 본질인 깨달은 마음은 불생불멸이다. 따라서 자신의 본 모습인 부처를 보고 자기가 원래 부처였다는 사실을 깨닫기 위해서 수행의 길을 나선 중생을 보살이라고 부른다.

위의 문장은 그러한 중생의 본질과 의미를 설명하고 있는 것이다.

2. 대승의 의미

所言義者 則有三種 云何爲三 一者體大 謂一切法眞如平等不增減故 二者相大 謂如來藏具足無量性功德故 三者用大 能生一切世間出世間善因果故 一切諸佛本所乘故 一切菩薩皆乘此法到如來地故

대승이라는 말은 세 가지 의미를 가지고 있다.

첫째, 본질의 위대성이다. 세속과 세속을 초월한 깨달음의 세계에 있는 모든 정신적 물질적 현상들은 모두 한마음, 하나의 동일한 본질인 진여에서 나왔다. 따라서 모든 정신적 물질적 현상은 본질적으로 평등하고 동일하며 늘어나거나 줄어들지 않는다.

둘째, 현상의 위대성이다. 깨달은 마음과 깨닫지 못한 마음을 동시에 가지고 있는 중생의 마음은 비록 외형적으로는 번뇌와 망상에 오염된 현상으로 드러나지만 그 오염된 현상 속에는 역시 본래부터 타고난 깨달음의 종자가 들어 있고 그 깨달음의 종자 속[4]에는 한량없는 공덕이 갖추어져 있다.

셋째, 작용의 위대성이다. 한마음 속에 들어있는 깨달음의 종자는 모든 세속과 깨달음의 세계에서 착하고 선한 작용을 한다.[5]

본래부터 중생의 마음 안에 모든 부처님, 즉 깨달음이 이미 존재하기 때문에 모든 보살들은 이 중생의 마음을 통해서 부처님의 경지에 이르게 되는 것이다.

설명

앞에서 중생은 순수한 깨달음이 무지와 망상으로 오염된 부처이고, 부처는 순수한 깨달음으로 존재한다고 했다. 그렇기 때문에 부처와 중생은 본질적인 깨달음의 수준에서 차이가 나는 것이 아니라 무지가 있고 없음의 차이가 있을 뿐이다.

---

4) 여래장을 말한다.
5) 이 세 가지 위대성을 각각 체대(體大), 상대(相大), 용대(用大)라고 부른다.

중생의 눈으로 보여지는 모든 현상은 중생의 무지와 망상의 정도에 따라서 다양한 모습과 형태로 드러나지만, 그 다양한 현상 속에 내재된 본질은 절대평등하고 동일한 하나의 마음이고 깨달음이고 있는 그대로의 순수한 진여라는 것이다. 또 그러한 오염된 현상 속에 들어 있는 본질, 즉 진여는 중생의 깨달음과 이익을 위해서 언제 어디서든지 중생의 필요에 의해 드러날 수 있는 무수한 선의 종자를 가지고 있다는 것이다. 그리고 그 선의 종자는 중생의 깨달음과 이익을 위해서 상황과 조건에 맞추어 중생의 수준에 따라서 무수한 형태로 드러나고 작용한다.

3. 대승불교의 본질과 의미를 설명하는 목적

已說立義分 次說解釋分 解釋分有三種 云何爲三 一者顯示正義 二者對治邪執 三者分別發趣道相

이상으로 핵심개요를 마치고 다음에는 핵심개요에 대한 자세한 설명을 하겠다. 설명은 다음 세 가지를 염두에 두고 하겠다.

첫째는 대승불교가 가르치고자 하는 진정한 의미를 제시하는 것이다. 둘째는 대승불교에 대한 잘못된 생각과 집착을 고쳐서 바르게 알도록 하는 것이다. 셋째는 수행하고자 하는 마음을 일으켜서 깨달음을 향해 나아가는 바른 길을 단계적으로 밝히는 것이다.

● 2장

마음의 양면성

2장 마음의 양면성

　顯示正義者 依一心法有二種門 云何爲二 一者心眞如門 二者心生滅門 是二種門皆各總攝一切法 此義云何 以是二門不相離故

　대승불교가 궁극적으로 가르치고자 하는 것은 중생의 마음이 양면성을 가지고 있다는 사실이다. 하나는 마음의 본질적 측면이고, 다른 하나는 마음의 현상적 측면이다.

　마음에서 일어나는 일체의 정신적 개념들은 모두 본질과 현상이라는 두 가지 관점에서 설명될 수 있다.

　그러나 마음을 본질과 현상으로 나누는 것은 어디까지나 개념적인 구분일 뿐이다. 둘은 서로 분리되어 독립적으로 존재하는 특성이 아니라 상호의존적 특성이다.

설명

　예를 들면 나무로 만든 의자와 책상, 책꽂이, 침대는 이름도 다르고 모양도 다르고 그 쓰임도 다르다. 그와 같이 똑같은 나무가 상황과 조건에 따라서 서로 다른 이름과 모양과 용도의 차이를 표면적으로 드러내는 것이 현상적 측면이다.

　반면에 다양하게 드러난 외형적 차이에도 불구하고 이들은

'나무' 라고 하는 공통된 속성을 가지고 있다. 또 나무의 모양과 이름, 쓰임이 달라졌다고 해서 '나무' 라는 재질 자체가 변화하는 것은 아니기 때문에 불변이다. 이것이 본질적 측면이다.

그런데 책상은 때로 식탁으로 사용될 수도 있고 의자가 잠시 옷을 걸쳐놓는 옷걸이로도 사용될 수 있기 때문에 이들은 고정된 불변의 성질이 아니다. 항상 상황에 따라서 없던 책상이 생겨나기도 하고 있던 책상이 식탁이 되면서 있던 것이 없어지기도 한다.

다시 말해서 현상적 속성은 항상 시간과 공간에 따라서 생멸한다. 여기서 나무는 마음의 본질, 즉 진여심에 해당하고 나무로 인해서 만들어진 의자, 책상, 책꽂이 등 다양한 모양들은 마음의 현상, 즉 생멸심에 해당한다.

그런데 여기서 '나무' 와 '책상' 의 관계를 생각해 보자. '나무' 라는 본질과 '책상' 이라는 현상은 어디까지나 개념적으로 구분한 것이다. 나무와 책상을 완전히 다른 별개의 것으로 분리해서 생각할 수가 없다. 왜냐하면 나무로 책상을 만들었기 때문이다. 그렇다고 나무와 책상이 같은 것은 아니다. 나무가 책상은 아니고 책상이 바로 나무는 아니다.

마음의 본질과 현상의 관계도 바로 이와 같다.

I. 진여심

1. 진여의 특징

心眞如者 卽是一法界大總相法門體 所謂心性不生不滅 一切諸法唯依妄念而有差別 若離心念 則無一切境界之相 是故一切法從本已來 離言說相 離名字相 離心緣相 畢竟平等 無有變異 不可破壞 唯是一心 故名眞如 以一切言說 假名無實 但隨妄念 不可得故

言眞如者亦無有相 謂言說之極 因言遣言 此眞如體無有可遣 以一切法悉皆眞故 亦無可立 以一切法皆同如故 當知一切法不可說不可念 故名爲眞如

마음의 본질, 즉 진여는 다양하게 드러나는 마음의 현상들을 모두 하나로 연결하는 본체다. 그리고 마음은 근본적으로 생겨나거나 없어지는 것이 아니다. 왜냐하면 본질적 측면은 상황이나 조건에 따라서 변하지 않고 시간과 공간의 제약을 받지 않기 때문이다. 그래서 마음의 본래 모습은 불생불멸이고 차별하지 않고 평등하다.

그런데 실제로는 우리의 마음이 항상 좋아하고 싫어하면서 차별하고 평등하지 않다. 이유는 마음이 그릇된 생각에 사로잡혀 있기 때문이다. 존재하는 모든 현상은 그릇된 생각과 관념,

편견에 의한 주관적 해석에 의해서 각기 다른 별개의 것으로 보인다. 만일 그러한 그릇된 관념과 편견을 버리면 각기 다르게 보이는 모든 현상은 본질적으로 독립적인 다른 별개가 아니라는 사실을 알게 될 것이다.

우리가 마음의 현상들을 말과 언어로 차별적으로 설명한다고 해서 그 본질이 달라지는 것은 아니다. 또 이름이 다르다고 본질이 다른 것은 아니다. 이름은 인위적으로 붙인 꼬리표에 불과한 관념이고 개념적인 것일 뿐 실제로 존재하는 실체가 아니다. 따라서 일체 현상은 본질적으로 평등하고 차별이 없으며 변화하거나 있다가 없어지는 것이 아니다.

그와 같이 절대평등하고 차별이 없으며 불생불멸하는 마음의 본질을 진여[6]라고 부른다. 말로써 설명되어지는 것, 즉 개념이나 관념적으로 존재하는 것들은 이름만 있지 실체가 있는 것이 아니다. 모두 그릇된 생각으로 만들어진 것이고 진짜 실체는 존재하지 않는다. 진여라고 이름붙인 것도 역시 개념일 뿐이다. 실체가 있는 것이 아니다.

그럼에도 불구하고 진여를 말로써 설명하는 궁극적인 목적은 진여라는 말을 빌려서 다른 모든 그릇된 관념과 개념을 버리고자 하기 때문이다.

---

6) 참으로 그러하다, 있는 그대로 라는 의미.

결과적으로 진여라는 말을 수단으로 모든 그릇된 말이나 관념, 개념을 버림으로써 진여 자체에는 더 이상 버릴 것도 보탤 것도 없기 때문에 거기에는 진실만이 남는다. 또한 주장할 만한 것도 없는데, 이는 일체 현상이 모두 차별없이 평등하기 때문이다.

이와 같이 진여는 마음의 본질을 설명할 수도 없고 생각할 수도 없기 때문에 '참으로 그러하다'는 의미의 '진여'라는 이름을 붙인 것에 불과하다는 사실을 알아야만 한다.

설명

우리가 이 우주의 모든 정신적·물질적 현상에 대해서 알고 있는 것은 진짜 있는 그대로의 참 모습인 실상이 아니다. 왜냐하면 원래는 깨끗하고 순수했던 마음이 오감의 작용과 정서, 사고, 기억과정을 거치면서 그릇된 편견과 착각에 사로잡혀 있기 때문이다.

그래서 우리가 알고 있는 모든 지식과 정보들은 관념이나 생각이 만들어낸 심상이다. 아니면 눈·귀·코·혀·몸의 다섯 가지 감각기관을 통해서 들어오는 모양이나 색깔, 소리, 냄새, 맛, 촉감을 각자 주관적인 감정과 생각, 편견으로 나름대로 분석하고 해석해서 받아들인 표상이다.

심상은 허상이다. 심상은 관념적·인식적으로만 존재하는 생각의 이미지 또는 모양이기 때문에, 마음 안에서 이름으로만 존재할 뿐 마음 바깥의 외부세계에 실제로 존재하지 않는다. 그러므로 심상은 생각이 만들어 낸 환영에 불과하다. 한편 표상도 허상이다. 그러나 표상은 마음 안에 존재하는 것이 아니라 마음 바깥에 실제로 존재하는 사물의 이미지이고 겉모습이다.

즉, 우리는 사물의 있는 그대로의 실상을 완전히 객관적으로 보지 못한다. 사물의 모습이 감각기관을 거치는 동안 잘못 해석되고 왜곡된다. 왜냐하면 각자의 생각과 감정과 경험, 기억 등이 외계의 사물을 보는 데 영향을 미치기 때문이다. 이는 마치 맑은 거울에 먼지와 때가 끼어서 사물을 제대로 비추지 못하는 것처럼, 마음의 때로 인해서 실상이 왜곡된 표상으로만 지각하게 된다. 그래서 우주의 진실된 모습(실상 또는 진여)은 마음의 때를 완전하게 벗어버린 부처님의 경지에서만 제대로 볼 수 있다.

예를 들면 부처나 신은 심상이다.[7] 관념과 생각이 만들어 낸 것이기 때문에 이름으로만 존재할 뿐이다. 실제로 공간과 부피를 가지고 존재하는 것이 아니다. 다만 신이나 부처를 마음으로 인정하는 사람들의 마음 안에만 존재하지 신이나 부처를 부정

---

7) 석가모니 부처님은 심상이 아니라 표상이다. 왜냐하면 석가모니 부처님은 마음으로만 존재하는 인식론적 존재가 아니라 역사적으로 실존했던 고타마 싯다르타 태자이기 때문이다. 따라서 제각기 왜곡되게 받아들여서 해석하고 개념을 붙이지만 객관적으로 존재하지 않는 대상에 대해서 마음이 만들어 낸 것이 아니기 때문이다.

하는 사람들의 마음에는 존재하지 않는다.

한편, 화려한 장미와 수수한 백합은 표상이다. 장미와 백합은 부처나 신과는 달리 마음 밖에 실제로 존재하지만 그렇다고 장미 자체가 화려하고 백합 자체가 수수한 것은 아니다. 우리의 인식과 관념이 그렇게 보고 해석하는 것이다.

그러나 장미와 백합은 마음 바깥에 실제로 존재하기 때문에 사람들이 마음으로 인정을 하든 부정을 하든 상관없이 장미와 백합은 객관적으로 존재한다. 반면에 신과 부처는 믿고 인정하는 사람의 마음 속에 주관적으로 존재할 뿐, 객관적으로 존재하지는 않는다. 지옥과 극락도 마찬가지다.

깨달음은 바로 존재의 실상과 허상을 깨닫는 것이다. 또 심상과 표상의 차이를 정확히 알고 그 본질과 작용을 혼동하지 않는 것이다.

2. 진여를 깨닫는 방법

問曰 若如是義者 諸衆生等 云何隨順而能得入 答曰 若知一切法雖說 無有能說可說 雖念亦無能念可念 是名隨順 若離於念 名爲得入

앞에서 우리가 알고 있는 모든 현상은 허상이고, 실제로는 존재하지 않는 심상이고 표상이라고 했다. 그렇다면 실제로 존재하는 있는 그대로의 실상, 또는 진여의 모습을 우리는 어떤 방법으로 깨달을 수 있는가?

중생은 일체의 정신적·물질적 현상을 관념적으로 설명하거나 개념적으로 정의를 내려놓고는 그것이 실제로 존재한다고 생각하고 집착한다. 그런데 만약 말로써 설명되는 모든 현상들은 실제로는 설명할 수도 없을 뿐더러 설명할 만한 것도 없다는 사실을 알고, 또 생각하지만 실제로는 생각할 수도 없고 생각할 만한 것도 없다는 사실을 알면 그것이 바로 진여를 따르는 것이다. 그리고 그릇된 관념이나 주의주장을 버리면 무념(無念)의 상태에 이르게 된다. 따라서 관념으로 인해서 발생하는 심상도 자연히 소멸되어 깨달음의 세계로 들어가고 존재의 실상인 진여를 깨닫게 된다.

설명

우리 인간이 겪는 대부분의 고통과 갈등의 원인은 두 가지로 분류할 수 있다. 하나는 생각, 주의주장, 이념, 관념으로 인한 것이고, 다른 하나는 탐욕이다.

그런데 생각이나 관념의 특징은 생각의 모양, 즉 이미지를 만들어 낸다는 것이다. 바로 생각과 관념이 만들어 낸 모양, 이미지가 심상이다. 그리고는 생각이 만들어 낸 심상이 실제로 존재한다고 굳게 믿고 집착한다. 또 잘못된 생각과 관념은 사물을 있는 그대로 보지 않고 왜곡되게 받아들이도록 만든다. 그것이 표상이다.

　더욱 위험한 것은 잘못된 생각이나 관념은 집단적으로 심상을 만들어서 이름을 붙이고, 개념을 정의함으로써 끊임없이 생각에 생각의 꼬리를 물고(念念相續) 이어지게 만든다. 그렇게 해서 만들어진 심상은 좀처럼 소멸하기 힘든 단단한 형태로 굳어져서 사람들의 마음 속에 자리잡는다.

　예를 들면 부처, 신, 알라 등이 가장 대표적인 심상에 해당한다. 즉 사람들은 생각이 만들어 낸 심상에 부처, 신, 알라 등의 서로 다른 이름을 붙이고 집착하면서, 신의 이름으로 전쟁을 하고 생각의 차이로 싸우고 갈등하고 미워하게 된다. 또 극락이나 천국도 말로써 설명되는 관념이고 심상의 차이일 뿐이다. 모두가 마음 바깥에 객관적 실체로서 존재하는 것이 아니라 믿고 받아들이는 사람의 마음 안에 존재하는 것뿐이다. 이는 신과 알라는 다른 별개로 존재하는 실체가 아니다. 오히려 사람의 생각과 관념이 신과 알라의 차이만큼이나 멀고 다르다는 현상을 신과 알라라는 이름을 빌려서 보여주고 있는 것이다. 따라서 신과 알라가 서로 싸우고 죽이는 것이 아니라 사람의 생각과 관념이 서로 싸우고 죽이는 것이다.

　그러므로 위의 가르침은 바로 인간은 서로 다른 생각과 관념에 각기 다른 이름과 의미를 부여하고 다시 그 이름과 의미에 부합하는 신, 알라, 부처 등의 심상, 즉 마음의 형상을 만든다는 것이다. 그리고는 자기들이 만들어낸 신, 알라, 부처 등의 심상에 다시 생각과 관념을 불어넣으면서 체계와 논리를 발전시킨다는 것이다. 그리고는 자기들의 마음이 창조해낸 심상을 진짜로 존재한다고 믿는다. 또 자기들만이 믿는 것에 대한 무의식적인 불안은 자연히 다른 사람을 끌어들여서 다른 사람도 같이 믿음으로써 더 안심하고 편안하고 싶어한다.

그래서 그들은 자기들의 믿음을 정당화하고 확고하게 하려는 시도에서 믿음의 논리와 체계를 발전시킨다. 심상을 중심으로 이익 손해를 계산하면서 포섭하고 뭉친다. 또 약하면 숙이면서 세를 확장하고, 강하면 배척하고 공격하면서 세를 확장한다. 그러한 과정에서 크고 작은 갈등과 싸움, 전쟁이 발생하게 된다.

위의 가르침은 바로 인간의 관념과 생각이 만들어낸 심상들로 말미암아 비롯된 수많은 인간 고통과 갈등을 해결하고자 하는 의도에서 나온 것이다. 부처든 신이든 알라든 모두가 생각의 차이가 만들어 낸 심상, 마음의 모양이라는 진실을 말하고 있는 것이다. 심상은 인간의 마음 속에 존재하는 생각의 이미지요, 관념의 모양이지 정말로 마음 밖에 존재하는 실체가 아니라는 것이다. 그러므로 생각과 심상에 집착해서 부처 또는 신, 알라 등의 서로 다른 이름표를 붙이고 사랑과 자비 대신 미움과 분노를 갖지 말라는 것이다.

3. 진여의 두 가지 의미

(1) 공(空)과 불공(不空)

復次此眞如者 依言說分別 有二種義 云何爲二 一者如實空 以能究竟顯實故 二者如實不空 以有自體具足無漏性功德故

'참으로 그러하다' 또는 '진실로 있는 그대로다'는 의미를 가지고 있는 진여를 말로써 설명해 보면 두 가지 의미를 가지고 있다.

첫째는 여실공(如實空)이다.[8] 일체 현상들의 궁극적 모습은 텅 비어 있기 때문이다.

둘째는 여실불공(如實不空)이다.[9] 진여 자체가 번뇌가 없는 공덕을 갖추고 있기 때문이다.

설명

첫 번째는 심상과 표상이 본질적으로 허상이기 때문에, 진짜가 아니며 존재하지 않는다는 진실을 선언한 것이다. 두 번째는 그러한 진실을 알게 되면, 서로 다른 생각과 관념이 만들어 낸

---

8) 이는 '진실로 비어 있다'라는 의미다. 앞에서 모든 심상은 생각과 관념이 만들어 낸 허상이고 실제로는 존재하지 않는다고 했다. 또 모든 표상은 실제로 존재하는 사물이 있는 그대로의 모습으로 드러나는 것이 아니라 보는 사람의 생각과 관념의 직접 또는 간접적 영향으로 왜곡되어 드러난다. 그러므로 심상과 표상은 허상이기 때문에 심상과 표상의 진짜 본 모습은 허공처럼 텅 비어있다는 것이다.

허상을 진짜라고 굳게 믿고 집착해서 싸우고 갈등하고 미워하던 마음이 사라진다는 의미다.

그렇게 되면 믿음이 다르고 생각이 달라서 서로에게 상처를 주고 불이익을 주는 행위가 사라지게 된다. 즉, 종교, 지역, 학벌, 남녀 등 각종의 차별적인 생각과 관념이 허상이라는 사실을 깨닫는 순간, 그러한 차별적인 생각과 관념이 사라지면 마음은 텅 비게 된다. 그리고 그 텅 빈 마음의 상태에서는 자신과 타인을 이롭게 하는 무수한 선행을 행할 수 있는 잠재성을 가지게 된다. 이것을 가리켜서 진공묘유(眞空妙有)라고 한다. 실제로는 비어있으면서 미묘하게도 비어있지 않다는 의미다.

예를 들어보자. 앞에서 신, 알라, 부처는 심상이라고 했다. 심상은 우리가 실제 객관적으로 존재하는 대상에 붙여진 이름이 아니라 생각과 관념으로 만들어진 허상이다. 그러므로 신, 알라, 부처는 이름으로 존재하고, 그 이름에 부여한 온갖 의미들

---

9) 이는 '진실로 비어있지 않다' 라는 의미다. 첫 번째에서 심상과 표상이 비어있다는 말을 달리 표현하면 심상과 표상이 무념무상이 되었다는 의미다. 즉, 생각과 관념이 비어버리면 생각과 관념으로 가득 찬 심상도 텅 비게 된다. 생각이나 관념의 차이, 심상의 차이로 부딪히고 갈등하는 모든 관계 또한 사라지게 될 것이다. 또 주관적인 생각이나 관념이 사라지면 사물을 왜곡하지 않고 있는 그대로 보게 된다. 다시 말해서 각자가 고집하고 집착하는 생각과 관념이 텅 비고 생각과 관념으로 인해서 발생했던 심상과 표상도 텅 비어지게 되면 자연히 생각의 차이로 비롯된 모든 갈등과 인간 고통도 사라지게 된다. 따라서 생각과 관념이 텅 빈 마음은 자리이타를 실현할 수 있는 모든 잠재적 성품을 갖추고 있기 때문에 비어 있는 것이 아니라는 의미다.

과 정의, 개념들로 가득 차 있다. 즉, 신은 이러저러하고 알라는 어떻고 부처는 어떻고 등. 우리가 일상에서 실제로 보고 듣고 느끼고 체험할 수 있는 존재론적 실상에 대해서는 그렇게 많은 말이나 개념정의가 필요하지 않을 뿐더러 주장하거나 강요하지도 않는다. 왜냐하면 누구나 직접 보고 체험할 수 있기 때문이다. 문제는 생각 속에서만 존재하는 인식론적인 존재다. 존재하지 않는 허상은 온통 이런 것이고 저런 것이라고 개념적으로 정의가 필요하다.

위에서 여실공이라고 하는 의미는 신, 알라, 부처 등의 심상의 실체는 이름뿐이지 실제는 텅 빈 허상이라는 것이다. 이유는 모두가 우리의 생각과 개념, 관념이 만들어내고 이름을 붙인 것에 불과하고 실존적으로 존재하지 않는 마음의 모양이기 때문이다. 그런데 반대로 여실불공은 비어있지 않다는 의미다. 즉 신, 알라, 부처 등의 심상이 이름만 있고 텅 비어 있는 것이 아니라, 내용이 있는 실상이라는 것이다. 이유는 사랑과 진실을 말로 하지 않고 관념과 생각을 버리고 행동으로 실천하면 신, 알라, 부처 등은 실제로 무한한 사랑과 진실, 자비를 실현할 수 있기 때문에 빈 깡통이 아니라는 것이다.

(2) 공(空)의 의미

所言空者 從本已來一切染法不相應故 謂離一切法差別之相 以無虛妄

心念故 當知眞如自性 非有相 非無相 非非有相 非非無相 非有無俱相 非一相 非異相 非非一相 非非異相 非一異俱相 乃至總說 依一切衆生 以有妄心 念念分別 皆不相應 故說爲空 若離妄心 實無可空故

　비어있다는 말은 관념과 개념에 이름을 붙이고 인위적으로 의미를 부여한 신, 알라, 부처와 같은 모든 심상이 실상이 아닌 허상이라는 의미다. 즉 신, 알라, 부처 자체에 차이가 있는 것이 아니라 신, 알라, 부처를 생각하는 인간의 생각이 차이를 두는 것뿐이다. 그러므로 그들의 실체는 있는 것도 아니고 없는 것도 아니다. 또 있지 않은 것도 아니고, 없지 않은 것도 아니며, 그렇다고 있으면서 동시에 없는 것도 아니다. 또한 신, 알라, 부처가 같은 것도 아니고, 다른 것도 아니며, 같지 않은 것도 아니고, 다르지 않은 것도 아니며, 같으면서 동시에 다른 것도 아니다.

　결론적으로 말해서 중생들이 그릇된 마음으로 서로 생각의 차이를 드러내어 차별하는 것뿐이다. 그렇기 때문에 이름이 다르고 그 이름에 붙여진 의미와 관념이 다르다고 해서 실제로 신, 알라, 부처에 해당하는 실존적 존재가 있는 것이 아니다. 그런 의미에서 신, 알라, 부처 등의 심상은 그 본질이 공(空, 비어있다)하다고 말하는 것이다. 만일 그와 같은 심상의 본질이 다르다는 그릇된 인식과 관념을 버리면 굳이 신, 알라, 부처가 공(空)하다는 말조차 필요하지 않다.

(3) 불공(不空)의 의미

所言不空者 已顯法體空無妄故 卽是眞心 常恒不變 淨法滿足 則名不空 亦無有相可取 以離念境界 唯證相應故

한편 '비어있지 않다'고 말하는 것은 이미 현상의 본질이 텅 비어 있는 것으로 드러났기 때문에 거기에는 그릇된 생각과 관념이 없다. 그렇기 때문에 본질 자체는 참되고 항상 변하지 않으며 오염되지 않은 깨끗함과 맑음으로 가득하다.[10] 그런 의미에서 공(空)하지 않다고 말하는 것이다. 그렇다고 해서 그와 같은 특성을 지닌 구체적인 뭔가를 관념적으로 설명하고 의미를 부여해서는 안 된다. 왜냐하면 차별적이고 그릇된 생각과 관념에서 벗어나서 자유로운 경지는 말로써 설명하고 개념적으로 정의해서 얻어지는 것이 아니라 반드시 체험적으로 깨달아서 얻어지는 것이기 때문이다.

설명

앞에서 신이나 보살, 부처는 심상이라고 했다. 이들은 생각과 관념, 즉 마음이 만들어 낸 이미지요, 모양이다. 그래서 그들은 오직 중생의 마음 속에만 존재한다. 중생의 마음 바깥에 실제로

---

10) 마음의 때는 그릇된 생각과 관념이다. 참되고 깨끗하다는 의미는 그릇된 관념과 생각이 텅 빈 것을 의미한다.

존재하는 것이 아니다.

그러므로 신이나 부처는 실상이 아니고 허상이다. 이와 같이 신이나 부처는 실제로 존재하는 실상이 아니라 생각과 관념이 만들어 낸 심상이고 허상이라는 사실을 깨달은 상태, 바로 깨달은 그 마음이 진짜 마음이라는 것이다. 그리고 그렇게 깨달은 마음은 불생불멸하고 맑고 깨끗하기 때문에 텅 비어 있는 것이 아니라는 의미다.

그러면 우리는 그 깨달은 마음이 뭔지에 대해서 어떻게든지 설명하고 정의를 내리고 싶어 한다.

그러나 생각과 관념이 제거된 마음의 상태는 인식주관과 인식객관을 벗어나 있기 때문에 말로써 설명될 수 없다. 오직 실제 깨달음으로써 체험되고 얻어져야만 된다.

II. 생멸심

1. 마음이 생멸하는 원인

心生滅者 依如來藏故有生滅心 所謂不生不滅 與生滅和合 非一非異

名爲阿黎耶識

마음이 일어나고 소멸하는 이유는 여래장 때문이다. 여래장은 불생불멸하는 마음의 본질과 생멸하는 마음의 현상이 서로 같지도 않고 다르지도 않은 상태로 결합되어 있는 것을 말한다. 본래 마음은 생겨나는 것도 아니고 소멸하는 것도 아니다. 그런데 불생불멸하는 마음의 본질이 어리석음으로 인해서 생멸하는 현상적 마음과 화합되어 서로 같지도 않고 다르지도 않은 양면성을 갖게 되었다. 그와 같은 마음의 양면성을 저장식[11]이라고 한다.

설명

마음은 원래 움직이는 것이 아니다. 즉, 불생불멸이다. 그런데 시시때때로 상황과 조건에 따라서 이런 마음 저런 마음이 생겨나고 사라지는 것은 중생이 어리석기 때문이다.

그래서 우리는 무수히 착각하고 오해해서 사랑하고 미워하는 마음을 생겨나게 하고 사라지게 한다. 진짜 마음은 잔잔한 호수처럼 맑고 고요한데 그 마음 안에서 우리들의 감각, 정서, 생각, 기억의 파도들이 수시로 생멸하면서 고요하고 맑은 마음을 어지럽힌다. 또 온갖 그릇된 생각과 관념들을 만들어서 이름을 붙이기도 하고 또 없애기도 한다. 이를테면 신, 알라, 부처를 만들

---

11) 산스크리트어로 아뢰야식을 말한다.

어내고 더럽고 깨끗하고 좋고 싫고 성스럽고 천하고 등의 의미를 부여하고 집착한다.

2. 저장식의 작용

此識有二種義 能攝一切法 生一切法 云何爲二 一者覺義 二者不覺義

저장식은 모든 다양한 현상들을 하나의 동일한 본질로 포섭하기도 하고 반대로 하나의 동일한 본질에서 모든 다양한 현상들을 드러나게 만들기도 한다. 다시 말해서 저장식은 동일한 본질이 상황과 조건에 따라서 다양한 현상들로 드러나기도 하고 반대로 상황과 조건에 따라서 서로 다르게 드러나는 현상들이 하나의 본질로 통합되기도 한다. 그와 같이 하나의 본질이 서로 다른 현상으로 드러나거나 서로 다른 현상이 하나의 본질로 통합되는 방식에는 깨달음과 깨닫지 못함의 두 가지가 있다.

설명

우리가 시시때때로 불러일으키는 감각, 감정, 생각, 관념, 개념 등은 우리의 의식수준에서 생겨나고 사라지는 것이지 영원히 사라지는 것이 아니다. 일단 우리가 느끼고 생각하고 행동한 것들은 모두 무의식의 깊은 심층에 그 흔적을 남기게 된다. 우리가 경험하고 행하는 일체의 것들을 기억하고 저장하는 기억

창고를 저장식이라고 부른다.

그 속에는 세세생생 윤회하면서 익혀온 생의 습관, 기억, 경험의 종자들이 들어 있다. 저장식은 우리가 살아서 행하는 모든 경험, 기억, 습관 등을 종자로 저장하는 작용과 동시에 상황과 조건에 따라서 저장된 과거의 경험과 습관, 기억의 종자들을 싹 틔우고 생겨나게 하는 작용을 한다.

저장식이 일체의 업을 저장하고 또 저장된 업을 상황에 따라서 드러내는 작용에는 두 종류가 있다. 하나는 깨달음의 작용이고, 다른 하나는 깨닫지 못함의 작용이다.

● 3장

깨달음과 무지

3장 깨달음과 무지

I. 깨달음

1. 깨달음이란 -

所言覺義者 謂心體離念 離念相者 等虛空界 無所不偏 法界一相 卽是 如來平等法身 依此法身說名本覺 何以故 本覺義者 對始覺義說 以始 覺者 卽同本覺 始覺義者 依本覺故而有不覺 依不覺故說有始覺

깨달음은 그릇된 생각과 관념이 사라진 마음의 본체를 말한다. 그릇된 생각과 관념이 사라진 마음은 허공처럼 온 우주에 미치지 않는 곳이 없고 우주와 한몸이다. 깨달은 마음은 바로 여래의 절대평등한 진리의 몸이다. 또 그와 같은 진리의 몸을 본각이라고 한다. 본각은 수행을 통해서 깨달음을 얻은 경험적 깨달음(始覺)과는 상대적인 의미로 사용된다.

그러나 수행을 통해서 깨달음을 얻은 경험적인 깨달음과 수행 이전에 본래부터 깨달아 있는 경험 이전의 선험적인 깨달음은 질적으로 동일하다. 왜냐하면 수행을 통해서 깨닫고자 하는 깨달음이 바로 본각이기 때문이다. 또 본각이 있기 때문에 불각(不覺)이라는 말도 상대적으로 성립된다. 다시 불각이 있기 때문에 수행을 통해서 깨달아가는 시각도 있을 수가 있다.

설명

깨달음의 상태, 또는 현상을 설명하고 있다. 깨달음의 상태는 모든 차별과 우열, 성스러움과 속됨을 구분짓는 관념, 개념, 편견이 사라져서 허공처럼 텅 비어버린 마음 상태다. 그래서 자신과 타인을 구분짓지 않고 존재하는 모든 것들이 완전하게 동일하고 절대평등하다. 또 '신은 성스럽고 인간은 속되다'는 관념이나 '남녀가 다르고 인종과 빈부에 따라서 우월하고 열등하다'는 그릇된 편견과 관념이 완전하게 사라진 상태다.

그래서 깨달은 마음은 종교, 인종, 성별, 관념, 주의 등으로 인간과 인간을 갈라놓고 인간과 자연을 갈라놓는 벽을 허물어버린다. 그 결과 깨달은 마음은 온 우주와 하나가 된다는 것이다.

본각의 의미는 모든 중생은 부처의 종자를 가지고 있으며 본래부터 이미 부처였으며 깨달아 있다는 것이다. 다만 중생이 관념과 개념 속에 갇혀서 자기가 부처라는 사실을 모르고 있을 뿐이다. 즉 신, 알라, 부처, 보수, 진보, 남녀, 인종, 빈부 등의 그릇된 관념과 개념의 벽에 막혀서 다같이 똑같은 부처라는 사실을 모르고 있다. 또 우리 모두가 하나라는 사실을 알지 못하는 것이다.

예를 들면 돌을 아무리 갈아도 거울이 될 수 없고 모래로 밥을 짓는다고 모래가 밥이 되지는 않는다. 마찬가지로 이미 깨달은 마음이(本覺) 우리 안에 없다면 아무리 수행을 한다고 해도 깨달을 수는(始覺) 없다는 것이다. 그리고 처음부터 부처가 아니라면 수행을 한다고 해서 부처가 될 수는 없다. 또 깨달음과 깨닫지 못함은 상대의존적인 말이다. 음지와 양지의 관계처럼 각(覺)과 불각(不覺)도 서로 독립적으로 존재할 수 없다.

종합적으로 설명하면 본래 깨달은 마음은 이미 우리 안에 존재한다. 그것을 본각이라고 한다. 그러나 분별하고 차별하는 그릇된 생각과 관념이 깨달은 마음을 덮고 있는 상태다. 그래서 볼 수가 없고 알 수가 없기 때문에 깨닫지 못하고 있다. 그것을 불각이라고 한다. 그러므로 본각을 가리고 있는 잘못된 생각과 관념, 편견, 개념들을 부수고 제거하여 맑고 깨끗한 본각이 드러나고 작용할 수 있도록 노력하는 것이 수행이다. 수행을 통해서 무지를 제거하고 마침내 본래 깨달은 마음을 발견하고 실제로 체험하는 것이 시각이다.

2. 깨달음의 수준

又以覺心源故 名究竟覺 不覺心源故 非究竟覺

깨달음에는 마음의 근원을 깨달음으로써 부처의 경지에 이르는 궁극적인 완전한 깨달음이 있고, 완전한 깨달음을 얻기 위해서 노력하는 단계에서 얻어지는 부분적인 깨달음 또는 불완전한 깨달음이 있다.

설명

여기서는 중생의 깨달음을 부처의 경지에 이른 완전한 깨달음과 부분적으로 깨달은 불완전한 깨달음으로 구분하고 있다. 가끔 학자들 사이에 돈오(頓悟)와 돈수(頓修)를 논쟁한다. 또 깨닫고 나서도 계속해서 닦아야 하는지 아니면 더 이상 닦을 필요가 없는지를 논쟁한다. 그런데 앞에서도 말했듯이 진여는 말이나 개념으로 정의하고 설명할 수 있는 대상이 아니다. 왜냐하면 진여 자체가 관념과 개념이 텅 빈 것이어서 말과는 상응하지 않기 때문이다. 그러나 굳이 설명할 필요를 느낀다면 그것은 완전한 깨달음인지 불완전한 깨달음인지에 달려 있을 것이다.

그렇다면 완전한 깨달음에 이르렀는지, 정말로 부처가 되었는지 누가 판단할 수 있는지 궁금해 할지 모른다. 그건 문제되지 않는다. 부처는 인가가 필요하지 않기 때문이다. 능가경에 행위는 있어도 행위자는 없다는 가르침이 있다. 다른 말로 바꾸면 깨달음의 행은 있어도 깨달은 자는 없다는 말이 된다. 즉 깨달음은 중생의 이익과 기쁨을 위해서 보현행으로 드러나는 행이 있을 뿐, 깨달음을 얻은 존재 자체의 진위를 따지는 것은 무익하다. 왜냐하면 어차피 우리 모두는 이미 깨달은 부처들이기 때문에 새삼 깨달았는지 아닌지를 따질 필요도 없고 더 닦아야 되는지 말아야 되는지를 논쟁할 필요가 없다. 오히려 수행의 결과로 드러나는 행이 얼마나 우주와 한마음이 되고 중생의 깨달음을 돕는지 그것을 논쟁하는 것이 현실적일 것이다.

다음은 불완전한 깨달음의 정도를 4가지 수준에서 설명하고 있다.

(1) 인과(因果)에 대한 깨달음

此義云何 如凡夫人覺知前念起惡故 能止後念令其不起 雖復名覺 卽是不覺故

이를테면 일반 중생의 수준에서, 이전에 품었던 생각이 뒤에 나쁜 결과를 가져왔다는 사실을 알고 다시는 그런 생각을 하지 않게 되었다고 하자. 이는 원인과 결과의 관계를 알고 원치 않는 악의 결과를 방지하기 위해서 악의 원인을 억제하고 통제한다는 것이다. 이 또한 깨달음이라는 이름을 붙일 수는 있지만, 아직 마음의 근원을 파악한 것은 아니기 때문에 궁극적인 완전한 깨달음은 아니다.

설명

이는 감각식 수준에서 멸상을 깨달은 상태다. 멸상은 신구의 삼업으로 인한 살생, 도둑질, 불륜, 거짓말, 이중적으로 꾸며서 하는 말, 남을 성나게 하고 악담하는 말, 이간질하는 것을 소멸한 상태를 말한다. 왜냐하면 그와 같은 행위가 자신과 타인의 불행과 고통을 가져온다는 사실을 깨달았기 때문이다.

(2) 본질과 현상의 차이에 대한 깨달음[12]

如二乘觀智 初發意菩薩等 覺於念異 念無異相 以捨麁分別執著相故 名相似覺

본질과 현상의 차이를 정확하게 알고[13] 모든 현상적 차이는 겉으로 드러난 모양의 차이일 뿐 본질적으로 동일하다는 사실을 깨달은 단계다.[14] 이 수준에 있는 수행자는 현상이 차별적으로 존재하는 것이 아니라 마음의 생각, 관념, 개념이 차별적이라는 사실을 깨달아서 차별적인 생각, 관념, 개념에서 벗어난다. 이 단계에서는 모양과 이름에 따라서 분별하고 차별해서 집착하는 마음을 버렸기 때문에 깨달음은 깨달음이지만, 아직 완전한 깨달음이 아닌 깨달음과 유사한 피상적인 깨달음(相似覺)

---

12) 52단계의 보살수행에서 11단계에 해당.
13) 본질적 차이와 겉으로 드러나는 외형적 차이를 아는 지혜-아집을 버림.
14) 법집을 버림.

이다.

설명

  의식 수준에서의 깨달음이다. 예를 들면 의식 수준에서는 신, 알라, 부처 등 서로 다른 관념적 이미지나 모양, 이름이 실제로 존재하는 것이 아니라, 우리의 마음 속에서 일어나는 생각, 관념, 개념의 차이임을 깨달았다. 그러나 신, 알라, 부처와 같은 심상이 실체로서 존재하지 않는다는 사실은 알지만 여전히 무의식 수준에서는 그러한 관념적 이미지를 고집하고 집착한다. 다시 말해서 의식 수준에서는 어느 정도 알아차림이 있지만 무의식 수준에서는 여전히 부처, 신, 알라 등의 이름과 관념적 이미지에 따라서 분별망상하는 습관과 기억이 작용한다. 그 결과 탐욕과 분노와 어리석음, 교만, 의심, 그릇된 견해 등을 가지고 있다.

(3) 현상의 동질성에 대한 깨달음[15]

如法身菩薩等 覺於念住 念無住相 以離分別麤念相故 名隨分覺

  관념과 개념, 생각의 차이가 각기 다른 심상과 이미지를 만들어 냈다는 사실을 분명하게 깨달은 단계다. 그래서 이름이나 모

---

15) 52단계의 보살수행에서 41~50단계에 해당.

양의 차이에 집착하지 않는다. 그러나 모든 다양한 현상들이 본질적으로 동일하다는 사실을 알지만, 여전히 현상의 있는 그대로의 실체를 완전하게 깨닫지는 못했다.

설명

마나식 수준에서의 깨달음이다. 예를 들면 부처, 신, 알라 등의 서로 다른 심상과 이름은 실체로서 존재하는 것이 아니라, 관념과 생각, 개념이 만들어낸 인식론적 존재이며 허상이라는 사실을 의식 수준에서만이 아니라 무의식 수준에서도 어느 정도 깨달은 단계다. 그 결과 자기 존재가 특별하고 자기 종교, 민족, 능력 등이 우월하거나 열등하다는 편견과 아만에서 벗어나 있다. 무의식 수준에서도 관념적 이미지와 이름에 집착하지 않는다. 쉽게 말해서 나와 너의 다양한 외형적 차이에도 불구하고 본질적으로 절대동등하고 평등하다는 사실을 의식·무의식의 수준에서 깨달은 상태다.

(4) 본질과 현상의 동질성과 차이에 대한 깨달음[16]

如菩薩地盡 滿足方便 一念相應覺心初起 心無初相 以遠離微細念故

---

16) 보살수행에서 50단계를 완성한 등각(부처의 경지와 거의 같은 깨달음의 경지), 묘각(바르고 원만한 부처의 깨달음)의 경지.

得見心性 心卽常住 名究竟覺 是故脩多羅說 若有衆生能觀無念者 則爲向佛智故

저장식 수준에서의 깨달음이다. 생각과 관념이 만들어낸 이미지와 모양에 대한 차별에서 벗어나 있는 그대로의 실체를 파악한다. 또 '나'와 '너'에 대한 온갖 개념과 관념, 편견이 사라져서 텅 비어 있기 때문에 모든 현상을 차별이 없는 평등한 마음으로 대한다. 관념과 편견이 없는 무념으로 반응함으로써 최초의 근본 무명이 사라지고 본래 깨달은 마음에 한 생각이 최초로 일어나는 모양이 공함을 깨달았다.

이는 무의식의 가장 심층에 자리잡고 아주 미세하게 작용하는 최초의 그릇된 망념을 벗어난 것이다. 비로소 불생불멸하는 마음의 본질을 보게 되니 이를 궁극적인 깨달음이라고 한다. 그래서 경전에서 만일 중생이 무념을 볼 수 있으면 바로 부처님의 지혜로 향한 것이라고 말했다.[17]

설명

여기서는 마음의 본질과 그 본질이 작용하는 현상의 관계를 선명하게 깨달은 단계다. 예를 들면 부처, 신, 알라 등의 심상에

---

17) 그러나 부처님은 세세생생부터 쌓아온 일체의 관념이 사라진 상태지만 중생은 현생의 일부를 깨달았을 뿐, 아직 과거 생에 쌓은 다른 많은 관념들이 작용하고 있기 때문에 계속적으로 제거하고 소멸하는 작업이 필요하다.

담겨진 각기 다른 이름, 의미, 관념 등이 사라져서 허공처럼 텅 비어 버린 실체를 봤다는 것이다. 뿐만 아니라 그러한 관념과 생각이 사라짐으로써 마음의 벽이 허물어져서 부처, 신, 알라 등을 차별없이 평등하게 대한다. 또 맨 처음 알라, 부처, 신에게 의미를 부여하고 집착하게 된 동기와 무의식적인 탐욕, 야망, 무지를 깨달았다.

즉 외로워서, 괴로워서, 권력을 위해서, 이익을 위해서, 소원을 위해서, 두려워서 등 자신의 이익과 행복을 위해서 신, 알라, 부처를 믿고 따랐던 최초의 무의식적 동기를 깨닫고 신, 알라, 부처로부터 자유를 얻는다. 그래서 모든 종교적 편견과 갈등, 미움에서 벗어난다. 만일 부처, 알라, 신 등의 이름과 심상이 모두 다 관념의 차이, 생각의 차이임을 보고 그러한 관념과 생각을 버리고 생각없이 관념없이 모든 것을 볼 수 있다면 그것이 바로 부처의 지혜인 것이다.

(5) 완전한 깨달음

又心起者 無有初相可知 而言知初相者 卽謂無念 是故一切衆生不名爲覺 以從本來念念相續 未曾離念 故說無始無明 若得無念者 則知心相生住異滅 以無念等故 而實無有始覺之異 以四相俱時而有 皆無自立 本來平等 同一覺故

또 마음이 최초로 일어난다는 말을 했지만 실제로는 마음의 최초의 모습이란 없다. 그런데도 최초의 모습을 안다고 말한 것은 바로 최초에는 무념이었음을 아는 사실을 말한다. 그런 의미에서 일체 중생은 무념상태가 아니라 항상 생각이 있으므로 깨달았다고 말하지 못한다. 왜냐하면 중생은 원래부터 생각생각이 연속적으로 이어져서 지금껏 그렇게 연속되는 망념을 벗어나지 못했기 때문이다. 그래서 중생을 무시무명(시작을 알 수 없는 어리석음)이라고 하는 것이다.

그러므로 만일 무념의 상태가 되면 마음이 만들어낸 허상, 즉 심상이 생겨나서 머무르고 변해가고 소멸되는 4가지 현상이 처음부터 존재하지 않았다는 사실을 깨닫게 된다. 왜냐하면 심상의 생주이멸(生住異滅)이 바로 무념이기 때문이다.[18] 또 심상의 생주이멸이 망념 속에서만 존재하고 무념이 되면 없어지기 때문에 심상은 망념과 독립적으로 존재하지 못한다. 따라서 망념이 없어지면 심상의 생주이멸도 원래 없는 것이므로 수행을 통해서 깨달음을 얻은 시각이 본래부터 깨달아 있었던 본각과 똑같은 깨달음의 상태가 된다.

---

18) 무념무상(無念無相), 즉 생각이 없으면 생각의 그림자인 심상도 사라지기 때문에 생각이 없는 무념의 상태는 자연히 무상의 상태이기도 하다.

설명

　최초의 마음은 관념, 편견, 그릇된 생각이 없는 무념(無念)의 상태다. 그런데 무념의 맑고 깨끗한 마음이 수많은 삶을 윤회하면서 그릇된 관념, 개념, 생각으로 오염되었다. 관념, 개념, 생각은 다시 심상의 생주이멸을 만들면서 심상에 집착되고 고착되어 번뇌와 망상의 삶을 살게 되었다. 그러다가 수행을 통해서 모든 관념과 편견, 생각을 버리면 관념과 생각으로 만들어진 심상도 함께 소멸된다. 심상의 생주이멸이 사라진 상태, 그것이 바로 무념의 경지다.

　이 때 수행으로 얻어진 깨달음은 본각과 동일한 깨달음의 경지가 된다. 부처님의 경지에 이른 완전한 깨달음이란 바로 일체의 관념을 제거함으로써 무지에 가려진 본각이 완전하게 드러나고 작용하는 것을 말한다. 그러니까 수행을 통해서 얻은 시각이라는 것이 따로 있는 것이 아니라 바로 무지에 가려서 보지 못했던 본각을 발견하고 깨달은 것을 말한다. 그런 의미에서 본각과 시각이 일치한다고 하는 것이다.

3. 무지와 함께 작용하는 선천적인 깨달음

復次本覺隨染分別 生二種相 與彼本覺不相捨離 云何爲二 一者智淨相 二者不思議業相

본각은 그릇된 관념과 무지에 가려져 있으면서도 다음 두 가지 특징을 드러낸다. 하나는 순수한 지혜의 작용이고, 다른 하나는 불가사의한 업의 작용이다. 수염본각(隨染本覺)을 말한다. 이는 선천적으로 깨달아 있는 마음이 무명으로 오염되어 무명과 깨달음이 혼합되어 있는 상태다.[19]

설명

선천적인 깨달음은 그릇된 관념과 무지에 물들어진 상태에서도 그 본질을 상실하지 않는다. 예를 들면 정제되지 않은 금광석이나 때가 낀 거울과 같은 상태다. 금광석 속에는 금뿐만이 아니라 여러 가지 광석들이 뒤섞여 있지만 그 속에는 순금이 들어 있고, 그 금은 다른 이물질인 광석들과 함께 있으면서도 그들의 영향을 받지 않은 채 순수한 금의 성질을 그대로 유지하고 있다. 또 때가 낀 거울 역시 비록 때로 뒤덮여 있으나 거울의 본래 속성은 때에 의해서 파괴되지 않은 채 그대로 남아 있다. 그러다가 광석의 이물질이 제거되면 언제든지 그 본연의 빛을 발하고, 또 거울의 때가 벗겨지면 모든 것을 있는 그대로 비추는 작용을 한다. 마찬가지로 무지에 가려진 본각 역시 맑고 순수한 지혜의 상태로 유지되고, 무지가 제거되면 무수한 지혜의 작용

---

19) 물론 이 두 작용은 본각과 분리된 별개의 것이 아니다.

을 드러낸다.

(1) 무지에 물들지 않는다[20]

智淨相者 謂依法力熏習 如實修行 滿足方便故 破和合識相 滅相續心相 顯現法身 智淳淨故 此義云何 以一切心識之相 皆是無明 無明之相 不離覺性 非可壞 非不可壞 如大海水 因風波動 水相風相不相捨離 而水非動性 若風止滅 動相則滅 濕性不壞故 如是衆生自性淸淨心 因無明風動 心與無明俱無形相 不相捨離 而心非動性 若無明滅 相續則滅 智性不壞故

순수한 지혜는 원래 중생의 내면에 있는 진여를 닦고 익힌 힘으로 마음의 때를 벗겨낸다. 그리하여 지혜와 어리석음이 화합되어 있는 깊은 무의식의 심층에 누적되고 저장되어 있는 과거 경험과 기억, 관념, 습관 등을 깨트린다. 그 결과 관념과 생각이 만들어낸 심상과 이미지가 과거 현재 미래로 생멸하면서 연속적으로 이어지는 무의식을 소멸시키고 있는 그대로의 참모습이 드러나도록 한다. 즉, 그릇된 관념과 생각을 버림으로써 청정하고 고요한 지혜의 마음을 드러낸다는 뜻이다.

무슨 뜻이냐 하면 중생이 그릇된 관념과 생각을 가지고 느끼

---

20) 지정상(智淨相)이라고 한다. 이는 선천적인 깨달음이 가지고 있는 근본적인 속성을 말한다.

고 판단하고 기억하기 때문에 그 작용이 모두 무지의 작용이라는 것이다. 그럼에도 불구하고 그 무지의 작용은 선천적인 깨달음과 함께 혼합되어 있기 때문에 파괴할 수 있는 것도 아니고 파괴할 수 없는 것도 아니다. 이는 마치 바람에 의해서 파도가 움직이는 큰 바닷물과도 같은 이치다. 물의 속성이나 바람의 속성은 버리거나 떠나야 하는 성질의 것이 아니다. 바닷물이 바람에 의해서 파도가 일어날 때 움직이는 파도는 물의 속성과 바람의 속성을 함께 가지고 있어서 서로 분리가 되지 않는다. 다만 물은 움직이는 성질이 아니기 때문에 만약 바람이 멈춰서 잦아들면 물은 자연히 움직이지 않게 된다. 그러면서도 물의 젖는 습한 성질은 파괴되지 않는다. 그래서 바람이 그쳐서 없어지면 움직이는 파도의 모양은 곧바로 사라지지만 물의 젖는 습한 성질은 그대로 남아 있게 된다.

이와 같이 중생의 선천적인 깨달음이 무지의 바람에 의해서 움직인다. 그러나 무지의 바람에 의해서 움직이는 마음은 형상이 없기 때문에 버리고 떠나야 할 성질의 것이 아니다. 다만 마음은 움직이는 성질이 아니기 때문에 만약 무지가 소멸되면 무지로 인해서 생각에 생각의 꼬리를 물고 과거 현재 미래로 이어지던 그릇된 관념과 망상이 만들어 내는 심상도 저절로 소멸된다. 그러면서도 지혜의 속성은 파괴되지 않고 남아 있다.

설명

위의 이야기는 무지와 선천적 깨달음이 혼합되어 있지만 선천적 깨달음의 지혜는 무지에 의해서 물들거나 오염되지 않는다는 뜻이다. 그렇기 때문에 언제든지 무지가 제거되는 순간에 선천적 깨달음의 지혜는 맑고 깨끗하게 드러난다는 것이다. 그런 깨달음의 지혜가 무지에 가려서 없거나 불분명하게 보이는 것뿐이다. 이는 마치 맑고 깨끗한 거울에 때가 껴서 옷의 색깔이 제대로 보이지 않거나 자기 모습과 다른 사람들의 모습이 더럽게 보이는 것과 같은 이치다.

마찬가지로 많은 사람들은 무지에 가려서 맑고 깨끗한 자기 모습이 못나고 어리석게 보인다. 그래서 무지에 비추어진 자기 모습을 혐오하고 싫어한다. 어떤 이는 싫은 자기 모습을 감추기 위해서 오히려 잘난 척을 하기도 한다. 또 어떤 이는 자기를 미워하고 열등감을 갖는다. 왜냐하면 그들은 자기 안에 처음부터 맑고 깨끗한 지혜가 있지만 무지에 가려서 보이지 않는 것뿐이라는 사실을 알지 못하기 때문이다. 이는 마치 먼지 낀 거울에 비추어진 옷이 보기 싫다고 거울을 닦아서 먼지를 없애는 대신에 옷을 버리는 것과도 같다. 또 먼지 때문에 자기 모습과 다른 사람들의 모습이 더럽게 보이는 줄을 모르고 자기와 다른 사람을 더러워하고 싫어하는 것과도 같은 이치다.

마음에서 분노가 일어나고 미움이 일어나고 질투심과 탐욕이 일어나는 것도 무지 때문이다. 그렇기 때문에 우리는 분노와 미움, 질투, 탐욕을 버리거나 파괴할 수는 없다. 왜냐하면 분노, 탐욕, 미움, 질투 등의 마음 작용은 마치 바람에 의해서 일어난 파도와 같기 때문이다. 즉 파도가 물과 바람이 함께 혼합되어 일어나듯이 분노나 미움, 탐욕도 지혜와 무지가 함께 혼합된 것이기 때문이다. 그러므로 탐욕이나 분노 자체를 버리거나 파괴할 수는 없다. 이들은 처음부터 버리거나 파괴할 어떤 특징이나 모양을 가지고 있지 않기 때문이다. 다만 지혜의 마음에 탐욕과 분노의 파도를 일으킨 무지의 바람이 멈추면 탐욕과 분노의 파도는 자연히 소멸되고 만다.

우리는 흔히 욕심을 버리고 분노나 미움을 없앤다는 말을 자주 사용한다. 그러나 욕심은 버리거나 파괴될 수 있는 성질의 것이 아니다. 분노나 미움도 마찬가지다. 욕심과 분노의 뿌리가 무지이기 때문에 무지가 소멸되지 않는 한 욕심이나 분노도 소멸될 수 없다. 이를테면 파도를 잠재우려면 바람이 멈추어야지, 바람은 그냥 두고 파도를 없애려는 일은 불가능한 이치와 동일하다. 그런데 무지의 대표가 그릇된 관념과 생각이기 때문에 결국은 그릇된 관념과 생각이 소멸되어야 한다.

---

21) 불가사의업상(不可思議業相)이라고 한다.

(2) 불가사의한 작용으로 중생을 이익되게 한다[21]

不思議業相者 以依智淨 能作一切勝妙境界 所謂無量功德之相 常無斷絶 隨衆生根 自然相應 種種而現 得利益故

불가사의한 작용이라는 것은 선천적 깨달음의 지혜가 무지로 인한 아집의 장애와 탐진치 삼독을 벗어나서, 중생의 능력과 소질에 따라서 상황과 조건에 맞는 모습을 끊임없이 드러내어 중생들을 이익되게 한다는 것이다.

설명

앞에서 고요한 바닷물에 바람이 불어서 파도를 일으키듯이 맑고 평화로운 마음에 무지의 바람이 불어서 분노, 미움, 질투, 탐욕심을 불러일으킨다고 했다. 그런데 분노, 미움, 질투, 탐욕하는 마음 속에는 무지도 있지만 순수한 깨달음의 지혜도 함께 섞여 있다. 이는 파도에 물의 젖는 성질과 바람의 움직이는 성질이 함께 있는 것과 같은 이치다. 그렇기 때문에 분노, 미움, 질투, 탐욕하는 마음 자체를 직접적으로 파괴하거나 없애지는 못한다고 했다. 파도가 없어지려면 바람이 멈추어야 하듯이 분노나 탐욕심이 없어지려면 무지의 작용이 멈추어야 한다.

사랑을 예로 들면 무지가 강하게 작용하는 사랑은 집착, 분노, 미움, 질투의 파도를 일으키고 지혜가 작용하는 사랑은 자비와 연민, 존중의 파도를 일으킨다. 이 때 분노하고 질투하는 마음에도 사랑은 여전히 남아 있다. 만일 그 분노하고 질투하는 마음에서 무지가 제거되면 지혜의 사랑이 드러나게 된다는 것이다. 이 때의 자비는 자아에 대한 집착이 없고 탐욕과 분노와 어리석음의 장애를 받지 않는다. 따라서 모든 이를 차별하지 않고 사심없이 평등하게 대하고 인연 따라 선행을 베풀고 사람들의 성장과 깨달음을 돕는다는 것이다.

4. 선천적 깨달음의 작용[22]

復次覺體相者 有四種大義 與虛空等 猶如淨鏡 云何爲四

선천적 깨달음은 허공처럼 차별없이 평등하고 맑은 거울처럼 있는 그대로를 비춘다. 선천적 깨달음이 허공과 같고 맑은 거울과 같다는 말에는 4가지 의미가 담겨 있다.

(1) 텅 빈 거울과 같다

一者如實空鏡 遠離一切心境界相 無法可現 非覺照義故

선천적 깨달음은 맑고 텅 빈 거울과 같다. 그래서 마음으로 선을 긋고 차별하는 모든 관념과 생각의 심상이 없다. 또 텅 비

---

22) 성정본각(性淨本覺)의 체라고 한다.

어서 드러내 비추어 보일 것조차 없다.

설명

여기서는 선천적 깨달음의 본질을 맑고 텅 빈 거울에 비유하고 있다. 맑고 텅 비었다는 말은 일체의 관념, 생각, 편견이 소멸되었다는 의미다. 따라서 관념, 생각의 산물인 심상도 사라졌다. 쉽게 말해서 신, 알라, 부처에 대한 차별적 생각과 우열이 소멸되고 인종차별, 성차별 등 마음으로 선을 긋고 마음의 벽을 쌓는 온갖 그릇된 관념과 편견이 사라져서 마음이 마치 맑고 깨끗한 거울처럼 텅 비어졌다는 것이다. 그래서 종교적 편견이나 인종적 편견으로 세상을 바라보고 비추어 보지 않는다는 것이다.

심리학적으로 설명하면 자기 합리화나 부정, 투사 등의 모든 방어기제가 사라졌기 때문에 일체의 현상을 왜곡 없이 있는 그대로 비춘다.

(2) 지혜 종자를 물들이고 스며들게 하는 거울이다

二者因熏習鏡 謂如實不空 一切世間境界 悉於中現 不出不入 不失不壞 常住一心 以一切法卽眞實性故 又一切染法所不能染 智體不動 具足無漏 熏衆生故

선천적 깨달음의 본질은 텅 비어 있는 것이 아니다. 왜냐하면 모든 세속적인 차별을 드러내 비추기 때문이다. 그러나 깨달음 자체는 인식 대상들에 대한 세속적인 차별에 집착하지 않고 또 인식 주체에 집착하지 않는다.[23] 그렇기 때문에 깨달음 자체는 없어지지도 않고 파괴되지도 않고 항상 한마음에 머무른다. 있는 그대로의 현상을 비추기 때문에 깨달음의 거울로 비추어지는 모습은 모두가 진실된 실상의 모습이다. 또 그릇된 관념이나 생각이 깨달음을 오염시키지 못한다. 왜냐하면 지혜 자체는 어리석음에 동요되지 않기 때문이다.[24] 인식의 주체와 인식의 대상에 집착하면서 반응하지 않기[25] 때문에, 그릇된 관념과 생각의 종자는 생겨나지 않고 순수한 지혜의 종자가 중생들을 지혜로 물들이게 된다.

설명

한 마디로 설명하면 선천적 깨달음 자체에는 어떠한 관념도 생각도 없기 때문에, 외부 대상의 인연이 부딪쳐오면 그릇된 관념과 생각으로 왜곡하지 않고 있는 그대로의 진실된 모습을 비추어 준다는 것이다. 또 집착하는 관념이나 생각이 없이 비추기 때문에 외부 대상에 물들지 않고 동요되지 않는다. 그래서 잘못

---

23) 선천적 깨달음(본각)이 인식대상에 대한 세속적인 차별, 즉 이름, 관념의 심상에 집착하지 않는 것을 말한다. 이것을 한문에서는 불출(不出)이라고 표현했다. 또 동시에 인식 주체에도 집착하지 않는 것을 불입(不入)이라고 표현했다.
24) 염화미소, 연꽃이 상징하는 가르침이 여기에 해당한다.
25) 금강경 4구게의 하나인 응무소주 이생기심을 말한다.

71

된 관념의 종자를 만들지 않고 순수한 지혜의 마음으로 중생들을 지혜로 물들인다.

예를 들면 선천적인 깨달음의 지혜로 살아가는 사람들은 신이든 알라든 부처든 그런 관념적인 심상에 집착하지 않기 때문에, 이슬람인이고 기독교인이고 불교인이라는 이유로 사람을 함부로 평가하고 미워하고 좋아하지 않는다는 말이다. 그냥 종교나 인종이나 성별에 상관없이 사람 자체를 있는 그대로 본다는 말이다. 그렇기 때문에 그들이 자신의 종교가 더 우월하고 절대적이라고 말하고 전도한다고 해도, 관념적인 주장에 휘말리거나 오염되지 않는다. 말이나 관념, 심상에 동요되지 않기 때문에 잘못된 종교적 신념을 만들지 않는다. 순수한 자기 본래의 지혜로써 오히려 그들로 하여금 종교의 벽을 허물게 하고 인종차별이나 성차별의 망상을 깨뜨리고 깨달음의 세계로 인도한다.

(3) 현상적 차별로부터 자유로운 거울이다[26]

三者法出離鏡 謂不空法 出煩惱礙 智礙離和合相 淳淨明故

깨달음의 지혜는 현상에 반응하면서도 집착이 없기 때문에

---

26) 법출리경(法出離鏡)이라 한다.
27) 탐욕, 분노, 어리석음으로 인한 마음의 번뇌로 번뇌장이라 한다.
28) 아견, 아만, 아애, 아치로 인한 지적 장애로 소지장이라 한다. 자아에 대한 그릇된 견해와 집착, 어리석음으로 인한 장애를 말한다.

정서 장애[27]와 인지 장애[28]를 벗어나 있다. 그 결과 '나'와 '너'를 분별하고 차별하는 과거의 기억, 경험, 습관의 때를 벗어나서 깨끗하고 맑고 밝아졌다.

설명

다양하게 드러나는 현상의 차별적인 모습을 보고도 집착하지 않고 차별없이 평등하게 대하는 마음의 상태를 말한다. 그렇기 때문에 분노하고 미워하고 질투하는 정서적 반응이나 자아에 대한 착각이나 집착이 없다. 또 자기 중심적으로 우열을 가리고 선악을 평가하지 않기 때문에 의식·무의식적 마음이 깨끗하고 순수하다.

즉 깨달은 마음은 모든 다양한 현상을 있는 그대로의 모습대로 비추면서도 비추어진 모습의 차이나 이름의 차이에 끄달리지 않기 때문에 정서적으로나 인지적으로 막힘이 없이 자유롭다.

(4) 인연을 물들이는 거울이다.

四者緣熏習鏡 謂依法出離故 偏照衆生之心 令修善根 隨念示現故

집착함이 없이 인연 따라 물들이는 거울이다. 정서 장애와 인지 장애가 없어서 모든 현상들로부터 자유롭다. 그래서 중생의 마음을 두루 비추어서 그들로 하여금 선의 뿌리를 닦도록 하기 위해서 각자의 수준과 상태에 맞게 필요한 모양과 형태로 드러내고 나타내어 보인다.

설명

자기 안에 집착하거나 착각하는 마음이 없기 때문에 사람들을 보는 눈 역시 오해하거나 왜곡하지 않고 편견없이 있는 그대로 바라볼 수가 있다. 그래서 각자의 수준과 상태에 맞는 효과적인 방법으로 지혜를 얻고 깨달아 갈 수 있도록 도울 수가 있다.

예를 들면 어리석은 사람의 성장과 깨달음을 위해서 반드시 자비만 필요한 것이 아니다. 때로는 냉정함과 무시, 두려움도 필요하다. 그래서 불교에서는 자비의 관세음보살님만 있는 것이 아니라 무서운 신장님과 사천왕이 있는 것이다. 그런데 많은 불교인들은 불교를 탄압하고 무시하는 타종교인들의 그릇된 행동들을 보고도 침묵하거나 정치인들이 종교적으로 치우친 행동을 보고도 너그러움을 보인다. 그러나 그러한 묵인과 너그러움이 만일 타종교인들의 그릇된 행동을 오히려 강화시키고 정치인들의 종교적 편향을 돕는다면 그것은 악행이다. 또 종교적 평등함을 잘못 알고 불법을 전하지 않는 것도 잘못된 생각이다. 인연 따라 한다는 말이 그냥 무관심하거나 내버려 두라는 것이 아니다. 불법을 전할 때 자기의 이익을 생각해서 집착하지 말고 상대방에게 진정으로 필요한 방법으로 전하라는 것이다.

이상 4가지 선천적 깨달음의 특징은 수행자가 내면의 불성을 바탕으로 해서 수행해서 깨닫게 되면 그 마음이 크고 원만한 거울처럼 된다(대원경지). 그래서 중생을 차별하지 않고 모두 환하게 비추게 되고(평등성지), 집착하지 않고 번뇌와 망상이 없이 중생의 있는 그대로의 다양한 모습들을 비추고(묘관찰지), 그 결과 비추어진 중생의 다양한 모습과 일체가 되어 대자비로 그들의 수준과 상태에 맞추어서 그들을 이익되게 한다(성소작지)는 유식의 4가지 지혜와도 유사하다.

II. 무지〔不覺〕

1. 깨닫지 못했다는 것은

所言不覺義者 謂不如實知眞如法一故 不覺心起而有其念 念無自相 不離本覺 猶如迷人 依方故迷 若離於方則無有迷 衆生亦爾 依覺故迷 若離覺性則無不覺 以有不覺妄想心故 能知名義 爲說眞覺 若離不覺之心 則無眞覺自相可說

깨닫지 못했다는 의미는 모든 정신적·물질적 현상의 본질적 속성은 동일하다는 사실을 알지 못하는 상태다. 그래서 깨닫지 못한 마음이 일어나게 되고 어리석은 생각이 있게 된 것이다. 그러나 생각이나 관념은 독립적으로 존재하지 못하기 때문에 선천적인 깨달음과 분리되어 홀로 머무르지 못한다. 마치 방향을 모르는 사람이 방향에 의지해서 길을 잃고 헤매는 것과도 같은 이치다. 만약 방향을 버리면 방향에 대한 무지도 없어지는 것과 같다.

중생도 역시 마찬가지다. 깨달음이 뭔지 모르면서 깨달음에 의지하기 때문에 어리석은 것이다. 만일 깨달음에 대한 생각을 버리면 깨닫지 못했다는 생각도 없어지게 된다. 바로 깨닫지 못했다는 망상심이 있기 때문에 그 망상심에 근거해서 온갖 명칭과 뜻을 붙여서 바른 깨달음이 무엇인지에 대해서 설명한다는 사실을 알아야만 한다. 만일 깨닫지 못했다는 마음을 버리면 진짜 깨달음 자체도 또한 설명할 만한 것이 없어지고 만다.

설명

깨달음은 일체가 한몸이고 한마음인 상태이기 때문에 주객이 따로 없고 '나'와 '너'가 분리되지 않는다. 마치 놀이에 완전히 몰입한 어린아이가 놀고 있는 자신인 '나'와 함께 놀고 있는 친구인 '너'를 잊어버리고 '나'와 '너'가 하나가 되어 놀이 자체가 되어버린 상태와도 같다. 진실로 깨닫게 되면 깨달음의 주체와 깨달음의 대상이 사라지고 깨달음만 남게 된다. 이것을 가리켜서 능가경에서 행위는 있으되 행위자는 없다고 말한다.

그런데 깨닫지 못한 상태는 '나'와 '너'가 완전한 하나, 한마음이 되지 못하기 때문에 일체의 현상을 주객으로 분리하여 인식대상으로 받아들인다. 또 깨닫지 못했기 때문에 설명과 개념 정의가 필요하게 되고 그 결과로 갖가지 관념, 생각, 신념 등이 일어나게 된다. 그러므로 말로써 설명되고 관념과 개념으로 정의된 것들은 진짜 실체가 아니다.

다음은 깨닫지 못했기 때문에 주객 분별이 일어나고 그릇된 관념과 생각들이 발생하는 단계와 작용들을 설명하고 있다.

2. 무지의 특징

復次依不覺故生三種相 與彼不覺相應不離 云何爲三 一者無明業相 以依不覺故心動 說名爲業 覺則不動 動則有苦 果不離因故 二者能見相 以依動故能見 不動則無見 三者境界相 以依能見故境界妄現 離見則無境界

깨닫지 못함은 세 가지 특징을 만든다. 이 세 가지 특징은 모두 깨닫지 못함과 분리되어 독립적으로 존재하는 것이 아니라 깨닫지 못한 상태 그 자체다.

(1) 불각으로 인한 행위가 생겨난다[29]

깨닫지 못함에 의지해서 마음이 움직이는 것을 업(業, 어리석은 행위)이라고 한다. 깨달음의 마음은 움직이지 않는다. 마음이 움직이면 고통이 있게 되는데 이는 결과가 원인을 떠나지 않는 것과 같은 이치다.

(2) 인식의 주체가 생겨난다[30]

마음이 움직이면 보는 작용, 즉 인식의 주체가 생겨난다. 마음이 움직이지 않으면 보는 작용도 없어진다.

(3) 인식의 대상이 생겨난다[31]

인식주체에 의해서 인식대상이 나타나게 되는데 이 때의 인식대상은 실상이 아니라 허상인 심상이다. 인식의 주체가 사라지면 인식의 대상도 사라진다.

설명

여기서 말하는 깨닫지 못함은 제8식 저장식의 무지를 말한다.

---

29) 무명업상(無明業相)을 말한다. 이는 과거 세세생생 익혀서 종자로 저장된 습관, 관념, 개념 등 일체의 정서적 · 인지적 · 감각적 체험의 총합을 말한다. 깨닫지 못하면 이들의 종자가 상황과 조건에 따라서 무의식 속에서 작용한다.
30) 능견상(能見相)을 말한다.
31) 경계상(境界相)을 말한다.

즉 저장식이라는 바다에 무지의 바람이 일어나면 세 가지 파도를 일으킨다.

첫째는 모든 것을 주객으로 분별하는 인식작용이 발생한다.[32] 둘째는 주객 분별에 의해서 인식주체가 생겨나고, 셋째는 인식대상이 생겨난다. 그런데 그러한 분별하는 작용은 완전한 무의식의 상태에서 이루어진다. 그러므로 무지 가운데서도 가장 뿌리 깊은 무지이고 무의식적인 무지다. 따라서 저장식의 무지는 세세생생 윤회하면서 쌓여진 습관, 기억, 감각, 정서, 사고 등의 총합적 무지이기 때문에 완전한 깨달음에 이르기 전까지는 자각이 어렵고 그 뿌리가 제거되지 않는다.

3. 무지의 작용

以有境界緣故 復生六種相 云何爲六 一者智相 依於境界 心起分別 愛與不愛故 二者相續相 依於智故 生其苦樂 覺心起念 相應不斷故 三者執取相 依於相續 緣念境界 住持苦樂 心起著故 四者計名字相 依於妄執 分別假名言相故 五者起業相 依於名字 尋名取著 造種種業故 六者業繫苦相 以依業受果 不自在故

---

32) 저장식의 인식작용은 접촉, 주의, 느낌, 개념화, 의지 5가지다. 이들 각각의 작용과정은 주객을 분별하고 아주 깊은 무의식의 수준에서 이루어진다.

인식대상에 대해서 인식주체는 6가지로 작용한다. 첫째, 분별작용이다.[33] 인식대상에 따라서 마음이 좋아하고 싫어하는 분별을 일으킨다. 둘째, 연속작용이다.[34] 분별작용에 의해서 좋아하고 싫어하는 나머지 고통과 즐거움을 일으키고 감각, 지각, 정서, 사고, 기억 등으로 그릇된 관념을 일으켜서 서로 자극-반응하여 끊어지지 않게 만든다. 셋째, 집착해서 붙잡는 작용이다.[35] 인식대상에 대해서 계속적으로 좋아하거나 싫어하는 반응을 함으로써 집착을 일으킨다. 넷째, 생각하고 계산해서 이름을 붙이는 작용이다.[36] 잘못된 집착으로 거짓된 명칭과 의미를 부여하고 차별한다. 다섯째, 행위를 일으키는 작용이다.[37] 이름에 따라서 집착하여 몸과 말과 뜻으로 행위를 짓는다. 여섯째, 행위에 따라서 고통을 받는 작용이다.[38] 업의 결과로 고통을 받고 업에 얽매여 자유롭지 못하고 삼계를 생사고락으로 윤회하게 된다.

설명

제7식인 마나식에 있는 무지의 작용을 설명하고 있다.[39] 그러

---

33) 지상(智相)이라 한다.
34) 상속상(相續相)이라 한다.
35) 집취상(執取相)이라 한다.
36) 계명자상(計名字相)이라 한다.
37) 기업상(起業相)이라 한다.
38) 업계고상(業繫苦相)이라 한다.

므로 여기서 행해지는 무지의 특징은 그릇되게 계산하고 생각하는 작용이다. 앞에서 중생은 거의 본능적으로 '나'와 '너'를 구분하고 주체와 객체를 분별해서 인식한다고 했다. 다시 말해서 저장식에서는 주객의 이원적 분별이 일종의 잠재적 성향, 에너지로 드러난다면, 마나식에서는 무의식적 사고, 계산, 생각으로 드러난다. 그러므로 마나식에서 이루어지는 주객분별의 이원적 성향은 훨씬 구체적으로 드러나지만 여전히 무의식적인 작용이다.

예를 들어보자. 저장식은 우리들이 살면서 듣고 보고 경험한 것들을 담고 있는 무의식적 기억창고다. 마나식은 저장식이라고 하는 기억창고에 쌓여진 수많은 기억과 경험들을 자기와 동일시해서 '나'라고 생각한다. 즉 과거에 경험한 생각, 감정, 기억이 자기라고 생각하고 그것이 인식주체가 되어 현재 하고 있는 체험을 인식대상으로 삼고 좋아하고 싫어하고 평가한다(분별작용). 그러한 주객 분별 작용을 통해서 과거의 경험, 즉 자아의 개념은 사라지지 않고 현재의 생각 속에 계속 유지된다(연속작용). 또 끊임없이 분별하는 마음을 일으켜서 생각 속에 붙잡아두고(집착), 다른 것과 구분해서 여러 가지 이름과 의미를 부여

---

39) 마나식에서의 주객 분별은 항상 자아가 영원한 실체로서 존재한다고 믿고 착각하고, 그런 자아에 대해서 프라이드를 갖고 집착하는 그릇된 생각과 탐욕하고 분노하고 어리석음의 심리적 독성에 근거해서 이루어진다.

한다(이름을 붙임). 그런 다음 자기가 집착하는 생각과 관념, 신념에 따라서 행동한다. 또 다른 사람들의 관념과 생각이 자기와 일치하면 좋아하고, 불일치하면 미워하고 공격한다(그릇된 행위). 그 결과로 여러 가지 고통과 불안의 과보를 받게 된다(업으로 인한 고통).

4. 심상은 무지의 소산

當知無明能生一切染法 以一切染法 皆是不覺相故

무지가 원인이 되어 상황과 조건에 따라서 모든 그릇된 관념과 개념, 신념을 만들어 낸 것임을 알아야 한다. 모든 그릇된 관념들은 다 깨닫지 못했다는 사실을 드러내는 것이다.

설명

같은 개가 짖는 소리를 한국 사람은 '멍멍' 으로 듣고, 미국사람은 '워프' 로 듣는다. 하나의 진리를 두고 기독교는 '여호와' 라 하고, 이슬람은 '알라' 라 한다. 또 불교는 '부처' 라 한다. 또 동일한 눈을 가리키면서 한국 사람은 '눈' 이라고 하고, 미국 사람은 '스노우' 라고 한다. 이름이 다르다고 진실로 뜻이 다른 것이 아니다. 그런데 눈이나 개는 신, 알라, 부처와 같은 심상과는 달리 실제로 마음 바깥에 존재하기 때문에 서로 이름이 달라도 같은 대상을 뜻한다는 사실을 쉽게 알고 받아들인다. 그러나 심상은 마음 속에 생각과 관념으로만 존재하기 때문에 이름이 다르면 의미도 다른 것으로 오해하고 착각하기가 쉽다. 왜냐하면 똑같은 진리를 가리키면서도 서로 다른 문화와 환경 속에서 너무 긴 세월 동안 접촉없이 독립적으로 생성, 유지, 변화, 소멸의 과정을 거쳤기 때문이다.

지금은 누군가 영어로 '스노우'가 눈이라는 사실을 모른다면 무식하다고 생각할 것이다. 그런데 50년 전에는 '스노우'가 우리말로 '눈'이라는 사실을 몰라도 부끄럽거나 무식하다고 생각하는 사람은 드물었다. 마찬가지로 지금은 '신'과 '부처'가 완전히 다른 별개라고 생각하고 공격하고 미워하면서도 자신의 무식함을 부끄러워할 줄도 모르지만, 30년이 지나고 50년이 지나면 '부처'와 '신'이 똑같은 하나의 진리임을 알지 못하면 대부분의 사람들은 그를 무식하다고 여기게 될 것이다. 왜냐하면 이미 미국과 같은 나라에서는 부디스트-크리스찬 또는 크리스찬-부디스트가 등장했기 때문이다.

5. 깨달음과 깨닫지 못함의 공통점과 차이점

復次覺與不覺有二種相 云何爲二 一者同相 二者異相

깨달음과 깨닫지 못함⁴⁰⁾에는 공통점과 차이점이 있다.

(1) 공통점

言同相者 譬如種種瓦器 皆同微塵性相 如是無漏無明種種業幻 皆同眞如性相 是故修多羅中 依於此眞如義故 說一切衆生本來常住入於涅槃菩提之法 非可修相 非可作相 畢竟無得 亦無色相可見 而有見色相者 唯是隨染業幻所作 非是智色不空之性 以智相無可見故

깨달음과 깨닫지 못함의 공통점을 질그릇에 비유해서 말하면 모양이 다양해도 흙으로 만들어졌다는 점에서는 동일하다. 마찬가지로 깨달음과 깨닫지 못함 역시 본질적으로는 동일하기 때문에 경에서는 모든 중생은 처음부터 깨달아 있다고 말한다. 깨달음은 닦아서 되는 것도 아니고 없던 것을 만들어 내거나 얻을 수 있는 것이 아니다. 또 볼 수 있는 성질의 것도 아니다. 그런데 깨달음과 깨닫지 못함을 분별하는 것은 오직 그릇된 관념과 생각이 만들어 내는 것일 뿐 진짜 깨달음은 아니다. 왜냐하면 깨달음은 볼 수 있는 것이 아니기 때문이다.

(2) 차이점

言異相者 如種種瓦器 各各不同 如是無漏無明 隨染幻差別 性染幻差別故

---

40) 깨달음은 본각, 즉 선천적 깨달음을 가리키고 깨닫지 못함은 무명불각, 여래장, 저장식을 말한다.

깨달음과 깨닫지 못함의 차이점은 여러 가지 모양의 질그릇이 각기 같지 않은 것과 마찬가지로 깨달음과 깨닫지 못함에는 차이가 있다. 깨달음은 본질적으로 평등하지만 환경과 조건에 따라서 만들어지는 다양한 모양의 질그릇처럼 환경과 조건에 따라서 현상적 차이를 드러낸다. 그러나 깨닫지 못한 무지는 질그릇의 모양을 단순히 외형적 · 현상적 차이로서가 아니라 본질적 차이로 받아들이는 것처럼 환경과 조건의 차이를 본질적 차이로 이해한다.

설명

여기서는 깨달은 사람이나 깨닫지 못한 사람이나 본질적으로는 평등하고 같다는 것이다. 쉽게 말해서 중생과 부처가 동등하다는 것이다. 왜냐하면 중생과 부처가 본질적으로 다르다면 중생이 아무리 수행하고 깨달아도 부처가 될 수는 없기 때문이다. 처음부터 중생이면 닦는다고 부처가 되지는 않는다는 것이다.

그런데 깨달은 사람과 깨닫지 못한 사람 사이에는 차이가 있다. 이를테면 깨달은 사람은 인종, 성별, 종교, 관념, 생각의 차이가 단순히 겉으로 드러나는 외형적 · 현상적 차이라고 생각한다. 반면에 깨닫지 못한 사람은 그것을 근본적인 차이로 이해한다는 것이다.

● 4장

오염된 마음의 생멸

4장 오염된 마음의 생멸

I. 생멸의 원인과 조건

復次生滅因緣者 所謂衆生依心 意 意識轉故
此義云何 以依阿黎耶識 說有無明
不覺而起 能見 能現 能取境界 起念相續 故說爲意

마음이 생멸하는 원인은 중생이 저장식을 바탕으로 마나식과 의식이 작용하기 때문이다.

구체적으로 풀어서 설명하면 저장식이라는 깊은 무의식의 심층에 무명의 바람이 불어서 주객을 분별하는 인식의 주체와 객체가 발생한다. 인식의 주체는 인식 객체를 대상으로 삼고 분별하여 좋아하고 싫어하는 마음을 내어 집착하게 된다. 그리고는 집착하는 대상에 대해서 갖가지 명칭과 의미를 부여하는 작용을 통해서 관념, 개념, 신념을 생겨나게 한 다음 심상을 창조하고 관념과 심상을 계속적으로 유지하고 발전시킨다. 그와 같이 관념을 만들고 심상을 창조하는 인식작용을 의(意), 즉 마나식이라고 한다.[41]

1. 마나식의 작용-관념과 심상의 창조

此意復有五種名 云何爲五 一者名爲業識 謂無明力不覺心動故 二者名爲轉識 依於動心能見相故 三者名爲現識 所謂能現一切境界 猶如明鏡現於色像 現識亦爾 隨其五塵對至卽現 無有前後 以一切時任運而起 常在前故 四者名爲智識 謂分別染淨法故 五者名爲相續識 以念相應不斷故 住持過去無量世等善惡之業令不失故 復能成熟現在未來苦樂等報無差違故 能令現在已經之事 忽然而念 未來之事 不覺妄慮 是故三界虛僞 唯心所作 離心則無六塵境界 此義云何 以一切法 皆從心起 妄念而生 一切分別 卽分別自心 心不見心 無相可得 當智世間一切境界 皆依衆生無明妄心而得住持 是故一切法 如鏡中像 無體可得 唯心虛妄 以心生則種種法生 心滅則種種法滅故

마나식에는 다섯 종류의 명칭이 있다.

첫째, 업식(業識)이다. 무명의 힘에 의해서 깨닫지 못한 마음

---

41) 이른바 속세의 중생이 나고 죽는 원인과 조건은 중생의 마음 즉, 저장식(세세생생을 통해서 누적된 경험, 기억, 습관, 감정 등으로 저장된 앎)에 근거해서 세세생생토록 저장된 앎에 의해서 무명이 있게 되었다는 의미로서, 저장된 앎이 바로 나고 죽는 원인이고 저장된 앎 속에 있는 무명이 바로 나고 죽는 조건이 된다는 말이다. 무명이 있음으로 해서 깨닫지 못한 상태가 발생하여 인식의 주체가 나타나고 그로 인해서 인식의 객체가 발생하게 된다. 또한 인식의 주체가 허상인 인식대상을 실상으로 착각하고 집착해서 취함으로써 그로 인한 분별망상을 일으켜서 끊임없이 생각의 꼬리를 물고 이어진다. 그러므로 나고 죽는 윤회를 거듭하는 원인은 자의식 때문이다. 따라서 중생이 나고 죽는 것을 거듭하는 것은 무의식적인 자의식이 이어지고 연속되는 과정이다.

이 일어나기 때문이다.

둘째, 전식(轉識)이다. 깨닫지 못한 마음이 움직여서 인식하는 주체가 발생하기 때문이다.

셋째, 현식(現識)이다. 인식하는 주체에 의해서 인식되는 대상이 드러난다. 인식대상이 드러나는 모습은 마치 밝은 거울이 다양한 모양과 색깔을 비추는 것과 같다. 인식대상인 심상은 형태, 소리, 향기, 맛, 촉감과 함께 시간적인 순서없이 다양하게 드러난다. 왜냐하면 심상은 생각과 관념으로 드러나는 허상이기 때문이다.[42]

넷째, 지식(智識)이다. 인식대상을 더럽고 깨끗한 것으로 분별하기 때문이다.[43]

다섯째, 상속식(相續識)이다.[44] 분별된 인식대상과 그 대상에

---

42) 마나식의 인식대상은 실제 마음 바깥에 객관적으로 존재하는 물체가 아니라 마음 속에 존재하는 생각과 관념의 이미지인 허상이다. 다시 말해서 물체의 소리나 형태, 맛, 향기는 눈으로 보여지고 귀로 들리고 코로 냄새 맡고 감각으로 접촉되는 데 걸리는 순서는 시간과 공간적 거리에 따라서 제각기 다르다. 그러나 관념과 생각으로만 존재하는 신, 부처 등의 허상은 소리, 맛, 향기, 형태, 촉감이 한순간에 동시에 감지된다는 것이다.
43) 이때의 분별은 깨달음의 지혜로 분별하는 것이 아니라 아만·아애·아견·아치와 탐진치를 바탕으로 하는 분별적 지혜이다.
44) 분별된 대상에 명칭을 붙이고 의미를 부여하는 관념과 개념을 형성하는 작용 자체는 무의식적 과정이기보다 오히려 의식적 작용이라고 볼 수 있다. 그러므로 마나식보다는 제6의식에 해당한다. 그러나 관념과 개념을 만들어내는 동기는 아견, 아애, 아치, 아만과 탐진치에 근거를 둔 무의식적 에너지의 힘이기 때문에 마나식의 작용에 포함시킨다.

91

부여된 관념, 개념 등이 서로 작용하면서 생각과 생각이 꼬리를 물고 이어져서 끊어지지 않고 계속되기 때문이다.

그와 같이 관념과 개념이 이어오면서 아득한 과거부터 지어온 선악의 업을 간직하여 잃어버리지 않게 하고 또 현재와 미래의 고통과 즐거움의 과보를 성숙시켜 서로 인과에 어긋남이 없도록 한다. 그리고 이미 지나간 일을 문득 떠올려서 생각하고 새삼스럽게 싫어하고 좋아하는 마음을 일으켜서 미래의 일에까지 잘못된 생각과 영향을 무의식적으로 미친다.

그리하여 삼계는 거짓된 허상이요, 오직 마음이 지은 것이다.[45] 어리석은 마음을 벗어나면 다섯 가지 감각과 의식의 대상도 없어진다. 무슨 뜻인가 하면 일체의 현상이 모두 마음을 따라서 생겨난 것이고 그릇된 관념이 만들어낸 것이다. 인식대상이 실제로 좋고 싫은 것이 따로 있는 것이 아니라 자기 마음이 좋고 싫다고 분별하는 것이다. 그런데 마음은 마음을 보지 못하기 때문에 마음은 인식대상이 될 수 없다. 세간의 모든 인식대상은 다 중생의 무명과 어리석은 생각에 의해서 존재하는 것뿐이다. 그러므로 심상은 거울 가운데 비추어진 형상과 같아서 실체가 없고 오직 마음이 만들어 낸 허상임을 알아야 한다. 마음

---

45) 기억, 경험에 근거해서 5감의 대상을 생각하고 계산하고 다시 감정 느낌을 갖고 반응.

이 생기면 갖가지 차별적인 인식대상이 생기고 마음이 없어지면 갖가지의 차별적인 인식대상도 없어진다.

설명

여기서는 관념과 심상이 만들어지는 사고작용을 설명하고 있다. 우선 무지에서 출발하는 마음은 모든 관계를 주객의 이원론적 관점에서 파악한다. 그런 다음 자아를 주체의 자리에 놓고 나머지를 대상으로 보고 좋고 싫고 선하고 악하고 더럽고 깨끗하고 성스럽고 천하고 등으로 분별한다. 그런 다음 각각 분별된 것에 서로 다른 이름과 의미를 부여한다. 그리고는 계속해서 생각하고 떠올리고 기억하고 연구하고 설명하는 과정을 통해서 그에 따른 이미지와 형상을 상상하고 그려서 관념과 개념의 덩어리, 즉 심상을 창조한다. 이와 같은 과정을 통해서 창조된 심상은 인간의 계속적인 인지작용으로 생각과 생각을 통해서 이어진다.

2. 의식의 작용

復次言意識者 卽此相續識 依諸凡夫取著轉深 計我我所 種種妄執 隨事攀緣 分別六塵 名爲意識 亦名分離識 又復說明分別事識 此識依見愛煩惱增長義故

의식은 마나식에서의 상속식의 작용이다. 즉 생각과 생각이 꼬리를 물면서 생각에 대한 집착이 깊어지면 '나'와 '나의 것'을 계산하고 판단해서 각종의 그릇된 집착을 만든다. 그리고는 그와 같이 계산하고 판단해서 집착하는 생각에 따라서 형태, 소리, 냄새, 맛, 촉감, 뜻을 분별하기 때문에 의식이라고 이름붙인 것이다. 또한 눈, 귀, 코, 혀, 몸의 5가지 감각기관과 의식을 인식의 주체로 삼고 형태, 소리, 냄새, 맛, 촉감, 뜻을 인식의 대상으로 분리해서 취하기 때문에 마나식과는 구별해서 분리식(分離識)이라고도 한다. 또 사물과 현상을 분별하기 때문에 분별사식(分別事識)이라고도 한다. 분별사식은 이치를 분명하게 알지 못해서 일어나는 인지적 번뇌[46]와 대상에 집착함으로써 일어나는 정서적 번뇌[47]에 의해서 증폭된다.

설명

저장식과 마나식은 무의식적인 작용인 데 반해서 의식은 의식수준에서 작용한다. 또 마나식이 저장식을 바탕으로 한 관념의 작용이고 그 결과로 심상을 만드는 반면 의식은 주로 마나식의 영향으로 정서적·감각적 작용이 발생하고 그 결과로 표상

---

[46] 자아가 영원하고 독립적이고 절대적 존재라는 그릇된 견해로 말미암아 그런 자아에 집착하고 교만하고 어리석어서 깨달음을 방해하는 장애다.
[47] 주로 탐진치 삼독에 의해서 깨달음에 장애를 일으킨다.

이 생성된다. 다시 말해서 마나식에서 인식의 대상은 관념과 심상이고 의식에서의 인식대상은 정서와 표상이다. 심상은 앞에서도 누누이 설명했듯이 오직 인식하는 사람의 마음 속에서만 존재하는 완전한 허상이다. 반면에 표상은 실제로 객관으로 존재하는 사물들의 이미지다. 그러므로 표상은 실상은 아니지만 그렇다고 신, 알라, 부처 등과 같이 객관적으로 마음 바깥에 존재하지 않는 인식론적 존재가 아니다. 표상은 객관적으로 마음 바깥에 실제로 존재하는 사물들을 지각하는 5가지 감각작용에 마나식이 영향을 미침으로써 실제 사물의 있는 그대로의 모습이 아니라 실제 사물을 왜곡시킨 이미지다.

예를 들면 표상은 순결한 백합이나 화려한 장미, 또는 외로운 보름달 등 실제로 존재하는 사물을 지각하는 데 정서적·인지적 심리상태가 영향을 미쳐서 어떤 주관적 이미지를 갖게 한다. 한편 신과 같은 심상은 실제 사물이 아니고 순전히 관념과 개념으로만 정의되고 설명되는 이미지라는 것이다. 따라서 장미가 화려하다는 것의 진위를 억지로 주장하거나 부정할 필요가 없다. 왜냐하면 장미는 실제로 누구나 확인하고 볼 수 있기 때문에 보는 이의 마음에 따라서 다르게 보인다는 것을 쉽게 알 수 있기 때문이다.

그러나 신이 최고이고 유일하다는 것의 진위는 억지로 주장하거나 부정하는 것이 가능하다. 왜냐하면 신은 믿는 사람의 마음 속에만 존재하기 때문이다. 또 장미를 로즈라고 하거나 아름답지 않고 천하다고 하면, 이름이 다르고 뜻이 다르다고 해서 장미가 아닌 다른 존재를 가리킨다고 생각하지는 않는다.

그러나 신을 공(空)이라고 하거나 법신, 알라라고 하면 동일한 존재를 가리킴에도 불구하고 이름이 다르고 뜻이 다르기 때문에 완전히 다른 별개의 존재라고 우기는 것이 가능하다. 왜냐하면 신은 장미처럼 실제로 존재하는 존재론적 존재가 아니라 인식으로 존재하는 인식론적 존재이기 때문이다.

3. 저장식의 작용

依無明熏習所起識者 非凡夫能知 亦非二乘智慧所覺 謂依菩薩從初正信發心觀察 若證法身 得少分知 乃至菩薩究竟地 不能盡知 唯佛窮了 何以故 是心從本已來 自性清淨而有無明 爲無明所染 有其染心 雖有染心 而常恒不變 是故此義唯佛能知

저장식은 무명이 스며들고 배어서 발생한 인식작용이다. 그런데 저장식은 범부가 알아차릴 수 있는 인식작용이 아니다. 또한 아라한의 경지나 연기의 이치를 깨달은 연각승의 지혜로 깨달을 수 있는 것도 아니다. 저장식은 보살이 수행하여 깨달음에 이르는 52단계[48] 가운데 1단계부터 시작해서 41단계[49]에 이르러야만 조금이나마 알게 된다.[50] 그리고 보살로서는 최고의 수행 경지인 50단계에 이른다 하더라도 저장식을 완전하게 다 알 수 있는 것은 아니다.51) 그들은 모두 그들이 깨달은 분야만큼만 알 뿐, 오직 부처님만이 완전하게 알 수 있다. 어째서인가? 마음 자체는 본래부터 깨끗하고 맑은데 무명에 물든 것이라서 비록 오염된 마음이 있어도 본래 마음 자체는 항상 변하지 않는다. 이와 같은 마음의 본성은 오직 부처님만이 알 수 있는 것이다.

설명

저장식은 중생이 세세생생 윤회하면서 쌓아온 가장 깊은 무의식의 심층에 자리잡고 있다. 그러므로 저장식에서 일어나는 인식작용은 너무나 미세한 무의식적 과정이기 때문에 시간적으로는 과거생 현재생 미래생을 모두 알고 공간적으로는 우주와

---

48) 1~10단계: 처음으로 발심한 보살이 닦아야 할 열 가지 믿음, 십신(十信).
　11~20단계: 열 가지 믿음을 닦고 관찰한 다음에 진리에 안주하는 열 가지 수행, 십주(十住).
　21~30단계: 보살이 수행하는 열 가지 이타행, 십행위(十行位).
　31~40단계: 보살이 닦은 공덕을 널리 중생에게 돌리는 열 가지 회향, 십회향(十回向).
　41~50단계: 앞에서 닦은 결과로 보살이 얻게 되는 열 가지 지위, 십지(十地).
49) 41단계: 참다운 중도의 지혜로 불성을 깨닫고 인식주체가 사라져서 자리이타로 희열에 가득 찬 상태. 이 단계에 있는 보살은 생주이멸의 사상(四相) 가운데서 주상만을 깨달았다. 생주이멸의 사상은 일체의 정신적·물질적 현상이 공통적으로 가지고 있는 4가지 특징. 생겨나고 머물고 부서지고 소멸되는 현상을 말한다.
50) 왜냐하면 40단계까지는 단지 그릇된 지각과 추리에 의한 인식으로 관찰할 뿐이다.
51) 50단계: 수행해서 깨닫고자 하는 집착마저 사라지고 끝없는 공덕과 자비행을 행함.

완전하게 일치하고 동일성에 도달한 부처님의 경지가 아니면 알지 못한다는 것이다. 그래야만 처음부터 깨끗했던 본래 마음과 최초의 무명이 발생한 상태를 알고, 또 그 무명으로 인해서 본래 마음이 오염되고 주객의 이원적 사고, 정서, 감각의 작용으로 전개되는 과정을 알게 된다는 것이다.

4. 마음의 본질

所謂心性常無念故 名爲不變

마음 자체는 언제나 그릇된 생각, 관념, 사고가 없기 때문에 변화하는 성질이 없다.

설명

우리는 흔히 마음이 변하고 변덕스러워서 어제 마음이 다르고 오늘 마음이 다르기 때문에 알 수 없는 것이 사람의 마음이라고 말한다. 그러나 마음의 본 바탕은 원래 불변이다. 다만 마음 안에 그릇된 생각이나 관념을 잔뜩 담고 있기 때문에 그 생각과 관념에 의해서 감정이 이랬다 저랬다 변덕을 부리는 것이다. 다시 말해서 마음 안에 담긴 생각과 감정이 변하는 것이지 마음 자체가 변하는 것이 아니다. 또 감정과 생각이 바뀌고 변할 때마다 감각과 지각도 따라서 바뀌기 때문에 잘못 보고 잘못

들고 하는 착각도 발생하게 되는 것이다.

그래서 우리는 마음 수행을 다른 말로 마음을 비운다든지 마음을 깨끗하게 한다든지 가라앉힌다는 표현을 한다. 그건 바로 마음 안에 들어 있는 그릇된 생각과 관념을 비운다는 말이고 그릇된 생각의 때, 관념의 때를 벗겨낸다는 것이다. 또 생각과 관념으로 발생하는 감정과 정서를 가라앉힌다는 의미다. 그리고 집착을 버린다는 말이 바로 마음 안에 담고 있는 생각과 관념에 대한 집착을 버린다는 뜻이다.

음식을 먹고 배설하지 않고 몸 속에 쌓아두면 변비에 걸리고 병을 얻듯이, 날마다 듣고 보고 느끼고 생각하고 기억해서 마음에 담아 둔 것들을 그때 그때 비워내지 않고 쌓아두면 관념의 덩어리, 감정, 생각의 덩어리가 숙변처럼 굳어져서 온갖 마음의 병과 고통을 일으킨다. 그러므로 마음 수행은 바로 우리가 세세생생 쌓아온 감각, 정서, 생각, 관념, 심상, 표상 등 기억의 종자, 덩어리, 숙변을 제거하는 과정이다. 숙변이 제거되어 병이 사라지고 몸이 가벼워지듯이 생각의 숙변이 제거되면 마음의 병이 사라지고 가벼워지고 맑아지는 것이다.

5. 무명의 정의

以不達一法界故 心不相應 忽然念起 名爲無明

중생은 온 우주가 하나로 연결되어 있어서 서로 영향을 주고 받는다는 사실을 알지 못한다. 그래서 마음이 우주와 일치하지 못한다. 그 틈에 주객으로 분리하는 그릇된 생각과 관념이 홀연히 일어나게 된다. 이것을 무명이라고 한다.

설명

인간이 가지고 있는 무지의 뿌리는 우주가 하나로 연결되어 있어서 모든 정신적·물질적 존재들이 서로 영향을 주고 받는 상대적 관계에 있다는 사실을 모르는 것이다. 그러므로 무지한 사람일수록 상대성보다는 절대성을 강조하고 평등성보다는 차별성과 우월성을 강조하게 되어 있다.

II. 마음의 오염과 정화

染心者有六種 云何爲六
오염된 마음의 종류에는 6종류가 있다.

1. 집착에 의한 오염[52]

一者執相應染 依二乘解脫 及信相應地遠離故

집착에 의한 마음의 오염은 아라한·연각과 52단계의 보살수행에서 40단계까지 닦아서 믿음의 뿌리가 튼튼하게 내려서 흔들리지 않는 사람에 의해서 없어진다.

설명

본래 마음 자체는 깨끗하고 맑다고 했다. 그러한 마음이 우주가 하나로 연결되어 있고 모든 정신적·물질적 존재들은 절대적 존재가 아니라 서로 영향을 주고 받는 상대적 존재라는 진리를 모르는 무지로 인해서 오염된다고 했다.

마음이 그와 같은 무지로 인해서 상대적이고 변화하는 물질적·정신적 현상을 절대적이고 불변하는 것처럼 집착하는 생각과 관념에 의해서 오염된 것을 말한다. 그래서 좋아하고 싫어하는 생각과 관념을 일으키고 이름을 붙이고 의미를 부여하면서 집착한다.

---

52) 집상응염(執相應染)이라 한다. 고락에 머물러서 집착을 일으키고 명칭과 이름에 따라서 집착을 일으키는 오염이다(집취상과 계명자상에 해당).

2. 끊이지 않는 오염[53]

二者不斷相應染 依信相應地修學方便 漸漸能捨 得淨心地究竟離故

오염의 연속성은 40단계까지 점차적으로 버려져서, 52단계의 보살수행에서 41단계 환희지에서 버려진다.[54]

설명

일단 마음에 좋아하고 싫어하는 생각과 관념이 생겨나고 또 이름과 의미를 부여하면서 관념의 이미지인 심상을 만들어내면, 그러한 과정을 통해서 마음의 오염은 상속된다. 왜냐하면 관념과 생각은 계속해서 설명하고 기억하는 작용을 통해서 소멸되지 않고 이어지기 때문이다. 이것을 바로 염념상속(念念相續)이라고 말한다.

---

53) 부단상응염(不斷相應染)이라 부른다. 고락과 명칭 이름에 따라 일어난 집착이 끊어지지 않고 계속 이어지는 오염(상속상에 해당)이다.
54) 변계소집, 의타기성, 원성실성의 3성을 관하는 유식관과 이름, 의미, 본질적 속성, 차별(명의자성차별)을 관하는 사심사관을 닦고 환희지에 이르러 삼무성을 증득하여 법집 분별이 현행하지 못하게 되기 때문에 정심지에 이르러 여의게 된다. 삼무성은 다음과 같다. 1.상무자성-허공의 꽃, 토끼의 뿔, 신, 알라, 부처 등과 같은 심상은 생각과 마음으로 만들어 낸 것이기 때문에 실제로 그 모양이 존재하는 것이 아니다. 2. 생무자성-과거의 업종자와 현재의 여러 가지 조건에 의해 이루어졌으므로 스스로 독립적으로 존재하지 못한다. 3. 승의무자성-최고의 진리에는 인식의 주체와 대상을 분별할 만한 특징이 없다. 『현대심리학으로 풀어본 유식 30송』(불광출판사, 서광 저) pp. 101~125. 참고.

3. 분별에 의한 오염[55]

三者分別智相應染 依具戒地漸離 乃至無相方便地究竟離故

대승보살이 받아지녀야 할 세 가지 계율[56] 모두를 빠짐없이 갖춘 42단계를 의지해서 47 전 단계에서[57] 점차 벗어나다가 47단계 이상에서 완전히 벗어난다.[58]

설명

무지로 인한 그릇된 관념과 생각은 다시 좋고 싫고 더럽고 깨끗하고 성스럽고 천하고 등 끊임없이 분별하고 차별해서 인식하고 기억하는 작용이다. 여기서 분별하고 차별하는 것이 마음의 오염된 작용이라고 하는 이유는 단순한 모양이나 성질의 차이로 지각하는 것이 아니라, 모양의 차이에 그릇된 가치와 의미

---

55) 분별지상응염(分別智相應染)이라 한다. 인식대상을 좋아하고 싫어하는 것으로 분별하는 오염작용(智相에 해당).
56) 악을 방지하기 위해서 정해놓은 모든 계율과 선을 행하는 계율과 선을 행하면서 중생에게 이익을 베푸는 계율.
57) 46단계까지는 미세한 대상 분별은 여전히 남아 있다.
58) 왜냐하면 47단계 이하에서는 아공과 법공을 아는 두 가지 지혜가 일어날 때는 오염이 나타나서 작용하지 못하다가 삼매관에서 벗어나 사물에 반응하여 제멋대로 마음을 부릴 때엔 나타나 작용하기 때문에 점차 벗어난다고 말했다. 한편 47단계가 지나면 오랜 시간 삼매에 들기 때문에 마나식이 장시간 현행하지 못하며, 그러므로 삼매관에서 나와 대상에 반응하면서도 분별함이 없는 형상의 속박에서 벗어난 무상방편지에 이르러서 마침내 멀리 여의기 때문이다.

를 인위적으로 부여해서 기억하기 때문이다. 그러므로 중생이 안다고 하는 것은 현상의 본질이나 진짜 실상을 아는 것이 아니라 인위적으로 붙여진 이름과 의미, 가치를 기억한다는 의미다.

4. 인식대상의 오염[59]

四者現色不相應染 依色自在地能離故

중생계와 중생이 거주하는 자연환경, 그리고 이 두 세계를 교화하는 부처의 세계로부터 자유를 얻고 물질적 형태로부터 자유로운 색(色)자재의 48단계에서 오염이 사라진다.

설명

우주가 하나임을 알지 못하는 중생의 무지는 모든 정신적·물질적 현상들이 하나로 연결된 동일체임을 알지 못한다. 그래서 중생은 '나'를 인식주관으로 삼고 '나' 이외의 모든 현상을 인식대상으로 삼아서 '나'와는 별개의 것으로 잘못 받아들인다는 것이다. 그래서 자기를 둘러싸고 있는 환경과 타인들은 자기

---

59) 현색불상응염(現色不相應染)이라 한다. 삼세 가운데 현상(現相)에 해당하고 마나식의 다섯 가지 작용 가운데 세 번째인 현식에 해당한다. 이는 맑은 거울이 모양과 색깔을 드러내 비추듯이 앞에서 5가지 감각을 따라서 분별된(의식) 인식대상이 드러나는 오염(7식의 무의식으로 드러남).

와 독립되고 분리된 존재라고 잘못 생각한다. 그 결과 '나'만을 이익되게 하고 더 잘 살기 위해서 '나'가 아니라고 여기는 타인들과 환경을 함부로 해침으로써 종국에는 '나'를 해치고 고통에 빠뜨리는 결과를 낳는다.

5. 인식주관의 오염[60]

五者能見心不相應染 依心自在地能離故

인식주관이 발생하는 마음의 오염은 주관이 작용하지 않기 때문에 마음이 자유자재한 심(心)자재의 단계인 49단계에서 벗어날 수 있다.[61]

설명

'나'라고 하는 인식주체가 독립적으로 존재한다는 생각 자체가 그릇된 오염이다. 모두가 하나이고 한마음이기 때문에 인식주관 자체가 무지의 산물이고 오염이라는 것이다.

현대물리학은 과거의 물리학이 연구자는 제외하고 연구 대상

---

[60] 능견심불상응염(能見心不相應染)이라 한다. 마나식의 다섯 가지 작용 가운데 두 번째 전식에 해당한다. 앞에서 분별되어진 인식대상에 따라서 마음이 움직이면서 그 대상을 보는 인식주관이 발생하는 것을 말한다.
[61] 49단계에서 불법을 표현한 문장, 의미, 말을 막힘없이 이해하고 바른 이치에 따라서 가르칠 수 있는 지혜를 얻어서 인식의 주관이 일어나지 못하게 된다

만을 연구하는 방법론적 오류를 범했다는 것을 지적하고 있다. 다시 말해서 연구자인 인식주체와 연구 대상인 인식대상을 별개의 독립된 존재로 취급했기 때문에 정확한 연구 결과를 얻을 수 없었다는 말이다. 그들은 또 연구자인 인식주체와 연구 대상인 인식대상을 고정시켜 놓고 연구했다. 그러나 인식주체와 인식대상은 끊임없이 찰나적으로 생주이멸을 반복하기 때문에 현상에 대한 그들의 연구는 언제나 가설에 불과할 뿐, 진실한 실체를 밝혀내지 못하고 있다.

6. 저장식의 오염[62]

六者根本業不相應染 依菩薩盡地 得入如來地能離故

보살로서의 수행을 완성한 50단계에서 저장식의 오염이 점점 사라져 51단계의 평등성지와 52단계의 묘관찰지를 얻고 부처님의 지위에 들어가면 완전하게 없어진다. 따라서 인식의 주관과 객관이 완전히 사라지고 우주와 하나가 된다.

설명

저장식은 세세생생 쌓아온 경험과 습관을 저장하고 있는 기

---

62) 근본업불상응염(根本業不相應染)이라 한다. 마나식의 다섯 가지 작용 가운데 첫 번째인 업식에 해당한다.

억의 창고다. 저장식이 오염된 것은 바로 저장된 기억들이 모두 주객의 인식작용을 통해서 경험되고 기억된 것들이기 때문이다. 쉽게 말해서 현상의 본질, 실체, 실상, 진여인 순금이 아니라 분별, 관념, 개념, 심상, 편견들의 무수한 이물질이 섞인 금광석을 저장하고 있다는 말이다.

7. 오염의 정화

不了一法界義者 從信相應地觀察學斷 入淨心地隨分得離 乃至如來地 能究竟離故

모두가 하나의 우주라는 사실을 분명하게 알지 못한다면 먼저 믿음의 뿌리를 얻는 수행부터 시작해야 한다. 그리고 40단계까지 계속해서 관찰하고 배우면서 중도에 포기하지 말아야 한다. 그리고 나면 41단계의 맑은 마음으로 들어가게 되고 단계적으로 무명의 오염을 제거한다. 종국에는 부처님의 경지에 이르게 되고 마침내 무명의 뿌리를 완전하게 제거할 수 있다.

설명

모두가 하나고 한마음이라는 사실을 모르는 무지가 마음이 오염되는 근본 원인이다. 그렇기 때문에 오염된 마음이라는 것은 결국 '나'와 '너'를 분별해서 '나'를 주체로 삼고 '너'를 대상으로 삼아서 집착하고 차별하는 것 자체가 더럽고 오염된 마음이다.

그러므로 그와 같은 무지를 극복하고 깨닫기 위해서는 일단 모두가 하나이고 한마음이라는 사실을 먼저 믿는 것에서 출발해야 된다는 것이다. 그래서 40단계까지 닦아서 믿음의 뿌리가 단단해지면 '나'와 '너'가 서로 다르고 별개의 존재라는 그릇된 관념의 집착을 버리게 된다. 그 결과 주객의 이원적 생각에 대한 집착의 오염이 제거되면서 41단계의 맑은 마음으로 들어가게 된다. 점차 더 깊은 마음의 무의식에 잠재된 주객의 이원적 관념을 깨뜨림으로써 더 깊은 무명의 뿌리가 제거되어 마침내 완전히 제거되면 부처님의 경지에 이르게 된다.

III. 상응, 불상응, 오염의 의미

1. 상응이란

言相應義者 謂心念法異 依染淨差別 而知相緣相同故

앞의 오염된 마음의 종류에서 집착하는 오염과 집착이 연속되는 오염과 분별해서 아는 오염[63]을 상응(相應)이라고 말한 것은 이 세 가지 오염된 마음에는 이미 집착하고 상속하고 분별하는 주체와 집착되고, 상속하고 분별되는 대상이 분리되어 있다는 의미다. 그래서 인식주체는 대상을 더럽고 깨끗한 것으로 분별하고 아견, 아만, 아애 등으로 분별된 대상을 차별한다. 즉, 주객이 1대 1로 대응하고 상호의존적으로 반응한다.

설명

쉽게 말해서 중생이 '나'와 '너'를 독립된 존재로 분리한 다음에 '나'에 대한 견해와 프라이드, 집착된 사랑을 근거로 모든 대상을 더럽고 깨끗하고 좋고 싫고 등으로 차별한다는 것이다. 자기 생각과 일치하면 좋아하고 다르면 싫어하고, 프라이드가 건들리면 분노하고 공격하고 프라이드를 만족시켜주면 좋아하고, 자기 중심적 사랑과 견해로 좋다, 싫다, 더럽다, 깨끗하다, 성스럽다, 천하다 등 끊임없이 차별하고 분별하고 마음에 간직하고 집착한다는 것이다. 그 결과 현상을 있는 그대로 보는 것이 아니라 자기 상태에 비추어서 보게 된다.

이를테면 자기가 슬프면 달도 슬프게 보이고, 자기가 외롭고 허전하면 구름도 외롭고 허전한 것으로 보이고, 자기가 행복하

---

63) 집상응염, 부단상응염, 분별지상응염을 가리킨다.

고 기쁘면 달과 구름도 행복하게 보인다. 그런 투사작용을 더 발전시켜서 아예 깨끗하고 소박한 백합의 이미지, 화려하고 정열적인 장미의 이미지와 온갖 꽃말들을 만들어 내고 수많은 관념과 개념들을 만들어서 이름을 붙이고 의미를 부여했다. 그래서 똑같은 신을 믿으면서도 마음이 평화롭고 지혜로운 사람은 신의 이름으로 이웃을 위해서 말없이 봉사하고 사랑을 실천하는 반면에, 내면에 어리석음과 분노가 가득한 사람은 신의 이름으로 이웃을 공격하고 파괴한다.

2. 불상응이란

不相應義者 謂卽心不覺 常無別異 不同知相緣相故

한편 인식대상의 오염, 인식주체의 오염, 저장식의 오염을 불상응이라고 하는 의미[64]는 이 세 가지 오염된 마음에는 아직 인식의 주체와 인식대상이 상대적인 의존관계로 분리되어 있지 않다. 즉 이 단계에서의 오염은 깨닫지 못한 무지에 의해 오염된 마음이다. 따라서 주객이 일치하지 않는다.

---

64) 현색불상응염, 능견심불상응염, 근본업불상응염을 가리킨다.

설명

　저장식은 완전한 무의식의 상태에 있을 뿐만 아니라 또 주객으로 분리하는 이원적 인지작용 구조가 잠재적으로 내재되어 있는 상태다. 즉 아직 작동되지 않고 있는 디스켓이나 CD에 들어있는 프로그램에 비유될 수 있다. 그러므로 주객의 이원화의 오염이 잠재적 상태에 있다. 인식주체의 오염은 저장식의 프로그램이 작동되면서 마나식에 영향을 미치기 시작하여 생겨난 자의식이다. 그러면 그 자의식을 바탕으로 다시 인식대상이 선택되고 변별되는 과정이 일어난다. 이 세 가지 작용오염은 아직 완전한 주객의 이원화가 완성된 상태가 아니기 때문에 인식의 주체와 객체 사이에 정확하게 1대 1의 대응을 보이지 않고 따라서 상호의존적으로 반응하지 않는다.

3. 오염된 마음이란

又染心義者 名爲煩惱礙 能障眞如根本智故 無明義者 名爲智礙 能障世間自然業智故 此義云何 以依染心 能見能現 妄取境界 違平等性故 以一切法常靜 無有起相 無明不覺 妄與法違 故不能得隨順世間一切境界種種知故

　염심은 오염된 마음을 의미한다. 오염된 마음은 감정과 정서적 장애를 뜻한다. 왜냐하면 온 우주가 하나라는 진리를 깨닫는 지혜를 막기 때문이다. 무명이라는 의미는 인지 장애로서 세간의 있는 그대로의 순리를 아는 지혜, 즉 절대적·독립적 존재가 아니라 상호의존적 존재라는 사실을 아는 지혜를 막기 때문이다. 이는 주객을 분리하는 오염된 마음으로 보고 드러내고 집착해서 평등성을 어기기 때문이다. 또 우주 일체는 주객이 없기 때문에 차별이 없는데 어리석어서 그것을 깨닫지 못한다. 그래서 모두가 하나임을 알지 못하고 주객의 이원적 사고가 진실을 그릇되고 왜곡하여 현상계에서 일어나는 있는 그대로의 자연적 흐름과 순리를 따르는 지혜를 얻지 못하는 것이다.

설명

우리는 날마다 접하는 대상이나 정보를 자기가 가지고 있는 그릇된 관념과 생각에 비추어서 좋고 싫음, 더럽고 깨끗함, 귀하고 천함 등 이원적 구조로 받아들인다. 그리고는 분노하고 미워하고 공격하고 사랑하는 감정과 행위를 드러낸다. 그런데 실상은 대상 자체가 더럽고 깨끗하고, 좋고 싫은 것이 아니라 우리의 마음이 오염되어 있기 때문이라는 것이다.

마음이 오염되었다는 말은 주객 분리의 이원적 사고에 젖어 있는 상태를 의미한다. 반대로 마음이 맑고 깨끗하다는 것은 '나'와 '너'를 차별하지 않고 절대평등하고 동등하게 생각하는 것을 의미한다. 또 마음이 고요하다는 것은 마음이 절대평등하고 동등하기 때문에 자기관념과 가치, 신념에 비추어서 상대를 평가하는 좋고 싫은 감정이 없는 상태를 말한다.

Ⅳ. 오염된 마음의 생멸작용

1. 의식적 생멸작용

復次分別生滅相者有二種 云何爲二 一者麤 與心相應故

오염된 마음의 생멸작용은 두 가지로 분류할 수 있다. 첫째는 의식적 작용이다. 주객이 1대 1로 대응하고 상호의존적으로 반응한다. 이는 인식의 주체가 인식의 대상을 분별하고 계산하고 집착해서 이름을 붙이는 마음작용이다. 이 단계에서는 대상의 모양과 형태가 생멸한다.

설명

자아가 가지고 있는 관념, 신념, 가치, 개념에 따라서 동일한 대상이 싫고 좋고, 더럽고 깨끗한 것으로 바뀐다. 그래서 신을 믿지 않다가 믿으면 신의 존재가 없다가 생겨나고, 신을 믿다가 믿지 않으면 있다가 없어진다. 똑같은 사람이 사랑할 때는 예쁘다가 사랑하지 않으면 미워진다. 마음이 편안할 때는 하늘의 뭉게구름이 평화롭게 보이다가 마음이 외로우면 외롭게 보인다. 다시 말해서 인식주체의 생각과 관념, 신념에 따라서 존재하지 않던 인식대상이 생겨나기도 하고 존재하던 인식대상이 소멸되기도 한다.

2. 무의식적 생멸작용

二者細 與心不相應故 又麤中之麤 凡夫境界 麤中之細 及細中之麤 菩薩境界 細中之細 是佛境界

둘째는 무의식적 작용이다. 주객이 상호의존적으로 반응하지 않는다. 즉 인식의 주체와 인식대상이 1대 1로 대응하지 않는다. 여기서는 생멸하는 모양과 형태가 없다. 생멸작용이 무의식적 흐름으로 존재하기 때문에 연속적인 생멸이라고 말한다. 6가지 오염된 마음 가운데, 고락에 머물러서 명칭과 이름에 따라서 집착을 일으키는 집착의 오염과 일어난 집착이 끊어지지 않고 계속되는 연속의 오염은 범부 수준에서 아는 경지다. 그런데 인식대상을 아만, 아애, 아치, 아견에 근거해서 좋아하고 싫어하는 것으로 분별해서 아는 오염은 마나식의 작용이라 범부가 알지 못한다.

5가지 감각을 따라서 의식에 의해 분별되어 드러나는 인식대상의 오염과 그 인식대상을 받아들이는 인식주관의 오염은 보살 수준에서 알 수 있는 경지다. 저장식의 오염은 오직 부처님의 경지에서만 알 수 있다.

설명

중생은 차갑고 뜨겁고, 달고 쓰고, 예쁘고 못생기고 등 감각기관의 오염 작용과 좋고 싫고, 행복하고 슬프고 등 정서수준에서의 오염 작용인 의식적 작용은 알아차릴 수가 있다. 그러나 자아에 대한 그릇된 견해, 프라이드, 집착, 어리석음을 바탕으로 일어나는 관념, 개념, 신념 등에 의해서 만들어진 심상인 신, 알라, 부처 등을 좋아하고 싫어하고 차별하는 무의식적 작용의 오염은 알아차리지 못한다. 적어도 마음 수행을 하고 어느 정도 깊이의 정신적 수준에 도달한 사람만이 자각이 가능하다. 아득한 과거부터 쌓아온 습관, 기억, 경험이 마음의 깊은 심층에 영향을 미치고, 또 절대 고요하고 맑은 마음에 무지의 바람을 일으켜서 온갖 그릇되고 차별하는 사고, 관념, 신념을 일으키는 최초의 무지, 즉 오염의 근원은 부처님의 경지에서만 깨달을 수 있다.

그러니까 개인의 정신 수준은 얼마나 자기 내면을 깊이 들여다보느냐에 달려 있다. 깨달음의 정도 역시 자기 마음의 깊이를 보는 정도에 달려 있다. 자기가 말하고 행동하고 생각하는 것을 자각하는 정도는 중생의 정신 수준의 차이다. 말하고 행동하고 생각하게 된 근본 뿌리를 알고 자각하는 정도에 따라서 보살과 부처의 경지가 정해진다. 부처는 밑바닥까지 철저히 알고 보살은 중간뿌리까지 아는 경지라 할 수 있다.

3. 마음이 생멸하는 이유

此二種生滅 依於無明熏習而有 所謂依因依緣 依因者 不覺義故 依緣者 妄作境界義故 若因滅 則緣滅 因滅故 不相應心滅 緣滅故 相應心滅 問曰 若心滅者 云何相續 若相續者 云何說究竟滅 答曰 所言滅者 唯心相滅 非心體滅 如風依水而有動相 若水滅者則風相斷絶 無所依止 以水不滅 風相相續 唯風滅故 動相隨滅 非是水滅 無明亦爾 依心體而動 若心體滅 則衆生斷絶 無所依止 以體不滅 心得相續 唯癡滅故 心相隨滅 非心智滅

오염된 마음의 의식적·무의식적 생멸작용은 무명 때문에 생겨난 것이다. 소위 인연(因緣)에 의한 것이다. 원인에 해당하는 인(因)은 깨닫지 못함, 즉 무지를 가리킨다. 조건에 해당하는 연(緣)은 인식대상을 왜곡하고 심상과 같은 허상을 만들어냈기 때문이다. 그런데 만약 원인이 없어지면 조건도 없어진다. 그러므로 원인인 무명이 소멸되면 무명으로 인해서 발생되는 저장식의 오염과 인식주체의 오염과 인식대상의 오염이 멸하게 된다. 또 조건에 해당하는 심상이 소멸되면 인식대상을 분별해서 집착하는 마음도 자연히 소멸된다.

그런데 만약에 깨달음을 이루어서 마음이 소멸해 버린다면 마음이 더 이상 존재하지 않고 연속되지 않는데 어떻게 기억 작용이 가능한가? 만일 깨달음 후에도 마음이 소멸하지 않고 이어진다면 어떻게 마음이 영구히 소멸해 버린다고 말할 수 있겠는가? 마음이 소멸된다는 것은 그릇된 생각이 만들어낸 마음의 이미지인 허상, 즉 심상이 사라지는 것이지 마음 자체가 사라지는 것이 아니다. 이를테면 바람은 호수의 물을 근거로 움직이는 모양인 물결을 만들기 때문에, 만약 호수의 물이 없어지면 바람도 물결을 일으키지 못할 것이다. 물이 있기 때문에 물결에 의해서 바람의 모양이 연속적으로 발생하는 것이다. 그렇다고 호수의 물이 없어져야 물결이 소멸되는 것이 아니라, 바람이 사라지면 움직이는 모양인 물결도 자연히 소멸되는 것과 같은 이치다. 마찬가지로 무명도 마음의 본체를 바탕으로 움직이는 것이다. 만약 마음 자체가 소멸하면 중생의 존재 자체가 불가능할 것이다.

그러나 마음 자체가 멸하는 것이 아니기 때문에 마음은 계속적으로 이어질 수 있는 것이다. 오직 무명만이 소멸되기 때문에 무명에 의해서 일어난 그릇된 생각과 관념들이 소멸되고, 또 그

룻된 생각과 관념이 만들어 낸 허상이 따라서 소멸하는 것이다. 마음 자체의 지혜 작용은 멸하지 않는다.

설명

위에서 무지를 제거하면 무지로 인해서 발생한 그릇된 관념, 신념도 소멸되기 때문에 관념과 신념이 만들어낸 허상, 즉 토끼 뿔이나 거북이털과 같이 이름으로만 존재하는 심상들도 자동적으로 소멸된다. 그렇게 되면 이름뿐인 관념과 신념에 집착해서 서로 미워하고 경계하고 싸우는 행위도 자동적으로 사라지게 된다는 것이다.

그런데 사람들은 가끔 깨달음을 혼동해서 깨달은 사람은 감정도 생각도 기억도 없는 것으로 잘못 생각한다. 왜냐하면 깨달음은 그릇된 생각과 관념, 신념, 편견 등으로 가득 찬 마음의 쓰레기를 제거해 버린 것인데 마음 자체가 없어진 것으로 잘못 생각하기 때문이다.

다시 말해서 마음의 오염을 제거하는 것이 깨달음이지 마음 자체를 제거하는 것이 아니다. 그렇기 때문에 깨달은 마음의 상태를 텅 빈 허공에 비유해서 어떤 것이 마음 안에 들어와도 밀어내거나 부딪치지 않는다고 말한다. 또 깨달은 마음은 크고 맑은 거울로서 어떤 것이든 거부하지 않고 왜곡하지 않으며 있는 그대로를 비추어준다고 말하는 것이다.

그러면 이번에는 어떤 사람들은 마음을 공(空)에 비유한 것을 가리켜서 마음이 아무 것도 없는 빈 것이라고 잘못 생각한다. 그러나 마음이 공(空)해졌다는 것은 마음의 형태적 측면을 가리키는 것이 아니라, 마음이 허공처럼 걸림이 없이 무한히 받아들이고 또 있는 그대로를 수용한다는 마음의 작용적 측면을 비유한 것이다.

왜냐하면 깨달은 마음은 어떤 것에도 집착하지 않고 편견이 없으므로, 싫다고 거부하고 밀어내거나 좋다고 잡아당기고 붙잡지 않기 때문이다. 따라서 집착하고 혐오하는 데서 비롯되는 고통도 없게 된다. 그런 의미에서 고통의 근본 원인이 깨닫지 못한 무명 때문이라고 하는 것이다.

● 5장

깨달음과 생사윤회의 갈림길

5장 깨달음과 생사윤회의 갈림길

> 復次有四種法熏習義故 染法淨法起不斷絶 云何爲四 一者淨法 名爲
> 眞如 二者一切染因 名爲無明 三者妄心 名爲業識 四者妄境界 所謂六
> 塵 熏習義者 如世間衣服 實無於香 若人以香而熏習故 則有香氣 此亦
> 如是 眞如淨法 實無於染 但以無明而熏習故 則有染相 無明染法 實無
> 淨業 但以眞如而熏習故 則有淨用

중생은 다음의 4가지[65]가 스며들도록 반복해서 익힘으로써 깨달음으로 나아갈 수도 있고 어리석음에 물들어 생사를 윤회하는 고통을 반복할 수도 있다.

첫째는 맑고 올바른 진여법을 반복해서 익히는 것이다.

둘째는 모든 오염의 원인인 무명을 반복해서 익힌다.

셋째는 그릇된 마음에서 일어난 인식주체를 반복해서 익힌다.

넷째는 그릇된 인식대상인 색성향미촉법을 반복해서 익힌다.

스며들도록 익힌다는 의미는 옷이 실제로는 향기가 없지만 만약 사람이 향을 뿌려서 스며들게 하면 그로 인해서 향기가 배어

---

65) 4가지 가운데 진여를 반복해서 익히는 것은 깨달음으로 가는 길이고 나머지 무명, 인식주관, 인식대상의 셋을 반복해서 익히는 것은 생사윤회로 가는 길이다.

나는 것과 같은 원리다. 순수하고 깨끗한 진여는 전혀 오염이 없지만 무명으로 스며들어 배도록 함으로써 오염이 가능하다. 반대로 무명으로 오염된 현상에는 순수하고 깨끗함이 없지만 진여로써 스며들어 배게 함으로써 순수하고 깨끗한 작용이 가능한 것이다.

설명

여기서는 마음을 어떻게 사용하느냐에 따라서 인간 존재의 삶이 두 극단으로 달라진다는 것을 설명하고 있다. 즉 깨달음으로 나아가는 성장의 길과 무지와 어리석음으로 나아가는 파괴의 길이다.

그런데 깨달음으로 나아가는 성장의 길은 인간 본연의 삶의 목적과 가치에 부합하는 진화의 길이다. 깨달음의 길은 오직 맑고 올바름을 닦는 길뿐이다. 반대로 어리석고 무지함으로 나아가는 길은 인간으로서의 존재 자체의 목적과 가치에 역행하는 고통과 속박의 길이다.

어리석음의 길은 두 가지가 있는데 첫째는 상대방이나 환경과 상황에 대한 배려 없이 자아에 집착해서 모든 것을 자기 중심적으로 생각하는 것이다. 둘째는 좋아하는 대상에 집착하고 갈구하면서 눈·귀·코·혀·몸의 오감과 생각으로 구하고 찾는 행위다.

맑고 올바른 마음에도 어리석음의 때가 껴서 오염될 수 있고 더럽고 어리석은 마음도 맑고 올바른 마음으로 정화시킬 수 있다. 개인에 따라서 점점 더 어리석음으로 나아가는 퇴보와 역행의 삶을 살기도 하고 점점 더 깨달아가는 성장과 진화의 삶을 살기도 한다. 전자는 고통의 삶이고 후자는 행복의 삶이다.

I. 생사윤회로 가는 길

云何熏習起染法不斷 所謂以依眞如法故 有於無明 以有無明染法因故 卽熏習眞如 以熏習故 則有妄心 以有妄心 卽熏習無明 不了眞如法故 不覺念起現妄境界 以有妄境界染法緣故 卽熏習妄心 令其念著 造種種業 受於一切身心等苦

어떻게 오염된 현상이 생겨나고 반복적으로 익혀져서 끊어지지 않고 이어질 수 있는가? 이는 진여의 실상에 허상인 심상과 표상에 반대되는 말로서 있는 그대로의 진실된 모양을 의미한다.

무명의 바람이 일어나서 무명이 진여의 실상에 스며들고 반복해서 익혀진다. 그리고 무명을 반복해서 익힘으로써 아뢰야

식이 생겨나게 된다. 무명에 의해서 생겨난 아뢰야식이 이번에
는 역으로 무명을 불러일으켜서 진여의 실상을 알지 못하도록
한다. 따라서 깨닫지 못한 생각, 관념, 신념 등이 허상인 심상을
만들어 낸다. 생각으로 만들어진 심상이 조건이 되어서 이번에
는 역으로 그릇된 관념과 신념을 반복해서 익힌다. 그리고는 그
렇게 익혀진 관념과 생각이 굳어지고 드러나면서 각종의 업을
짓는다. 그 결과 온갖 몸과 마음의 고통을 받는다.

설명

여기서는 그릇된 관념이나 생각이 발생하고 반복하고 이어지
는 과정을 설명하고 있다. 최초로 발생하는 무명은 잔잔한 호수
에 번뇌망상의 물결을 일으키는 바람에 비유할 수 있다.[67] 처음
발생한 물결이 새로운 물결을 만들면서 퍼져나가듯이 무명에
의해서 생겨난 그릇된 관념과 생각들은 생각에 생각이 이어지
고 보태지면서 무의식적으로 저장된다.

그렇게 무의식에 저장된 그릇된 관념과 생각들이 다시 새로
운 어리석음을 만들면서 있는 그대로의 실제 모습을 가려서 왜
곡시키고 진실을 깨닫지 못하도록 만든다. 또 그릇된 관념과 생

---

67) 유식 30송에 의하면 최초의 무명은 홀연히 일어난다고 되어 있다. 여기서는 진여
에 의해서, 즉 호수가 있기 때문에 바람이 물결을 일으킬 수 있듯이 진여가 있기 때
문에 무명이 번뇌망상을 일으킬 수 있다고 한다.

각이 만들어낸 심상을 통해서 그 관념과 생각을 강화시키고 그에 따른 행위를 짓고 그 과보로 고통을 받는다.

예를 들어보자. 무지한 남자가 있었다. 그의 무지는 자아에 대한 착각과 집착과 우월감을 낳았다. 그래서 그는 남자가 여자보다 우월하다는 그릇된 관념을 갖도록 만들었다. 그의 남성 우월적인 관념은 다시 남자는 여자보다 화통하고 머리가 좋고 생각이 넓고 깊고, 남자는 항상 여자보다 잘나야 된다는 등의 불합리한 생각과 신념, 편견을 굳게 믿도록 만들었다.

그래서 그는 직장이나 가정에서 사소한 일에도 사사건건 남자의 우월성을 주장하면서 여자를 무시했다. 당연히 무시 받은 여자들은 그를 역으로 무시했기 때문에 직장에서는 대인관계를 어렵게 만들었고 가정에서도 마찬가지였다.

여기서 인간은 누구나 절대평등하다는 진리를 알지 못하는 무지가 남성 우월적인 그릇된 관념과 신념, 편견을 만들었다. 그릇된 관념과 신념은 다시 여성을 무시하는 불합리한 행동을 낳았다. 그래서 다투고 미워하고 갈등하는 고통을 받게 된 것이다.

1. 인식대상에 대한 그릇된 작용[68]

此妄境界熏習義則有二種 云何爲二 一者增長念熏習 二者增長取熏習

인식대상을 그릇되게 반복해서 익히는 작용에는 두 가지가 있다. 첫째는 인식대상을 분별하고 차별하는 오감각식과 제6의식의 작용을 강화하고 증대시킨다. 둘째는 차별하고 분별되어진 인식대상에 집착을 강화하고 증대시킨다.

설명

앞의 남성 우월적인 관념을 가진 남자를 예로 들어보자. 그는 여러 인종, 민족, 연령, 성별, 직업, 학력, 인격, 취미, 키, 몸무게 등등 셀 수 없이 무한히 다양한 조건으로 구성된 인간을 유난히 남자와 여자라는 이원적 분류를 선택했다.[69] 그리고는 남자는 우월하고 여자는 열등하다는 극단적·대립적 차별을 부여함으로써 남녀차별에 대한 생각과 느낌을 강화시켰다. 그리고는 자기는 남자라는 생각에 집착해서 자기가 더 잘났다고 굳게 믿고 여자를 무시하는 그릇된 행동을 일으켜 깨달음을 방해한다는 것이다.

여기서 일어나는 고통은 의식이 자아에 대해서 올바르게 알

---

[68] 여기서는 오감각식과 제6의식이 인식대상을 그릇되고 분별하고 집착한 결과로 발생하는 생사윤회의 고통을 설명하고 있다.
[69] 키나 외모, 학력, 능력, 직업 등 자기를 드러내고 과시할 수 있는 기준이 무수히 많은데 유난히 남녀차별에 집착했다면 학력이나 직업 등으로는 자기 프라이드를 가질 수 없을 가능성이 높다. 그 경우는 무의식적인 자기 콤플렉스를 방어하는 수단으로 남녀를 분류하는 오류를 범하고 있는 것이다.

지 못해서 일어나는 인지적 번뇌다. 다시 말해서 남자가 더 우월하다는 잘못된 생각이 고통과 갈등을 일으킨다는 것이다. 또 자아에 대해서 잘못 알고 탐욕하고 집착한 나머지 그릇된 윤리나 행동양식을 증대시킨 결과로 정서적 번뇌를 발생시킨다. 즉 인지적 번뇌가 사고적으로 집착하는 것이라면 정서적 번뇌는 감정적으로 집착해서 일어나는 고통과 갈등을 말한다.

이 단계는 한마디로 자기 자신을 포함해서 일체의 대상을 의식 수준에서 잘못 생각하고 느껴서 집착한 나머지 잘못 행동하는 결과에 따른 고통을 설명하고 있다.

2. 인식주관에 대한 그릇된 작용[70]

妄心熏習義有二種 云何爲二 一者業識根本熏習 能受阿羅漢辟支佛一切菩薩生滅苦故 二者增長分別事識熏習 能受凡夫業繫苦故

그릇된 마음을 반복해서 익히는 작용에는 두 가지가 있다. 첫째는 마나식을 반복해서 익히는 것이다. 이는 성문, 연각, 보살의 단계에서 일어나는 생사윤회의 작용과 고통이다.[71] 둘째는 범부의 경지로서 오감각과 제6의식이 분별 작용함으로써 일어

---

70) 마나식이 인식주관인 자아에 대해서 잘못 분별하고 집착함으로써 발생하는 생사윤회하는 고통을 설명하고 있다.

나는 생사윤회의 고통이다.[72]

설명

남성 우월증을 예로 들어보자. 첫째는 남자가 더 우월하다는 관념이 의식 수준에서 드러나지는 않는다는 것을 설명하고 있다. 그렇기 때문에 '내가 남자니까' 하는 프라이드가 말이나 행동으로 드러나지는 않는다. 그러나 무의식에는 여전히 남성 우월증이 작용한다. 그런데 둘째는 그러한 무의식적인 남성 우월증이 마음 속 깊숙이에만 존재하는 것이 아니라 오감각과 의식의 작용에 영향을 미침으로써 무의식적인 말과 행동으로 남자의 프라이드를 드러나게 만드는 것을 말한다.

여기서는 남녀차별과 분별과 같은 그릇된 관념, 즉 자기가 더 잘났다는 잘못된 견해나 집착이 무의식에만 존재하느냐, 아니면 그것이 말과 행동으로 드러나느냐에 따라서 정신 수준을 둘로 나누어 설명하고 있다. 무의식에는 존재하지만 실제 행동과

---

71) 여기서는 감각식과 의식의 분별로 6도를 윤회하는 생사고통은 벗어났다. 그러나 여전히 마나식으로 무명을 훈습하여 허상임을 잘 모르고 인식주체와 인식대상을 끊임없이 일으킨다. 쉽게 말해서 의식 수준의 분별은 벗어났지만 무의식 수준의 분별은 벗어나지 못했기 때문에 삼계는 벗어났으나 성불은 하지 못했다. 그래서 성불할 때까지 성문, 연각, 보살의 성자가 받는 삼계 밖의 생사 작용 즉 무의식적 생사 작용(아뢰야식의 작용)으로 인한 고통은 여전히 남아있다.
72) 이는 마나식의 잘못된 영향으로 오감각과 의식이 모양과 이름에 집착해서 몸과 입으로 잘못 행동하여 육도윤회의 고통을 받는다.

말로 드러나지 않으면 마음 수행이 상당히 깊은 성자의 수준이고 겉으로 드러나면 일반 중생이라는 것이다.

3. 무명의 그릇된 작용

無明熏習義有二種 云何爲二 一者根本熏習 以能成就業識義故 二者所起見愛熏習 以能成就分別事識義故

어리석음을 반복해서 익히는 작용에는 두 가지가 있다. 첫째는 근본무명을 반복해서 익힘으로써 마음을 움직이게 하여 마나식을 일으킨다. 둘째는 근본무명에서 일어난 마나식을 바탕으로 발생하는 인지적·정서적 무지[73]가 오감각식과 육식을 일으켜서 인식대상을 분별하도록 한다.

설명

세세생생 익혀서 무의식 깊숙이 저장된 무지의 종자들이 '나'가 절대적이고 영원하다는 그릇된 견해를 만든다. 그리고는 그런 '나'에 집착하고 교만해져서 자기 우월감과 패배감을 만들어 낸다.

그 결과 오감과 의식을 작동시켜서 대상을 자기 기준에 맞추

---

73) 아견, 아애, 아치, 아만의 그릇된 견해와 탐진치의 번뇌.

어서 분류한다. 자아개념에 일치하고 우월감을 준다고 믿고 착각하는 대상에 대해서는 좋아하고 욕망과 탐욕을 일으킨다. 반대로 자아개념에 맞지 않거나 패배감을 준다고 믿고 착각하는 대상은 싫어하고 분노하고 공격한다. 또 잘못된 자아개념에 맞추고 살찌울 수 있는 대상을 찾아서 눈은 보고 귀는 듣고 코는 냄새 맡고 몸은 감지하고 혀는 맛을 보면서 분별하고 탐욕하고 집착하게 된다.

II. 깨달음으로 나아가는 길

1. 진여수행

云何熏習起淨法不斷 所謂以有眞如法故 能熏習無明 以熏習因緣力故 則令妄心厭生死苦 樂求涅槃 以此妄心有厭求因緣故 卽熏習眞如 自信己性 知心妄動 無前境界 修遠離法 以如實知無前境界故 種種方便 起隨順行 不取不念 乃至久遠熏習力故 無明則滅 以無明滅故 心無有起 以無起故 境界隨滅 以因緣俱滅故 心相皆盡 名得涅槃 成自然業

어떻게 맑고 올바름을 익혀서 단절되지 않고 깨달음으로 나아가는가?

이는 진여가 무명에 스며들어 배도록 반복해서 익힌다. 그래서 잘못된 마음으로 하여금 생사의 고통을 싫어하고 열반을 구하도록 만든다. 그리고 잘못된 마음으로 하여금 진여를 반복해서 익혀서 마음의 본성인 진여를 믿도록 한다.[74]

그리하여 무명에 의해서 마음이 잘못 움직이는 것이고, 그 잘못된 마음이 차별하고 분별해서 일어난 인식의 대상이 진짜가 아니라는 사실을 알고 차별하는 마음으로부터 자유로워지는 법을 닦는다.[75] 분별하고 차별화된 인식대상이 허상임을 완전하게 안다.[76] 여러 가지 방법과 수단으로 닦아서 있는 그대로의 순리를 따를 뿐, 집착과 그릇된 생각이 없다.[77]

또 현상에 대해서 잘못 생각하거나 집착하지 않고 오랫동안 닦고 익힌 힘에 의해서 무명이 곧 멸하게 된다.[78] 무명이 멸하기

---

74) 보살의 52단계 수행 중 제1단계
75) 성자의 경지에 이르기 위해서 닦는 수행의 경지로서 보살수행의 52단계 중 11~40단계까지의 수행이 여기에 해당된다. 인식대상은 허구라는 사실을 주시하는 단계-인식대상은 허구라는 사실을 확실하게 주시하는 단계-인식대상이 허구라는 사실을 확실하게 인정하고 나아가서 인식주관도 허구라는 사실을 주시하는 단계의 수행이다.
76) 52단계 수행 중 41단계. 유식 30송에서 견도 · 가행위에 해당. 처음으로 성자라 칭하는 지위. 후천적으로 일어나는 인지적(소지장) 정서적(번뇌장) 장애의 종자를 끊고 선천적으로 갖추어진 정서적 장애의 활동을 눌러버리는 자리다. 인식대상뿐만이 아니라 인식주관도 허구라고 확실하게 인정하는 단계다.
77) 욕망, 그릇된 견해, 그릇된 윤리와 행동양식, 자아에 대한 집착이 없다.

때문에 인식주관이 일어나지 않고 따라서 인식의 대상도 멸한다. 결과적으로 생각과 관념으로 만들어진 마음의 이미지[79]인 허상과 생각과 관념의 영향으로 왜곡되어 드러났던 표상이 다 없어진다.[80] 그래서 열반을 성취하고 중생을 교화하고 이익되게 하는 작용을 한다.[81]

설명

여기서는 어떻게 하면 중생이 가지고 있는 무지를 제거하고 깨달을 수 있는가를 전체적으로 설명하고 있다.

우리가 깨달음이 가능한 것은 우리 내면 깊숙이에 양심, 또는 진리, 불성이라 불리는 선천적인 지혜가 있기 때문이다. 그래서 누구나 잘못된 마음을 가지고 불합리하게 생각하고 행동하면 마음이 불편하고 불안하고 갈등이 일어나서 종국에는 고통하게 된다. 그렇게 되면 고통을 피하고 싶은 마음이 일어나게 된다.

---

78) 유식의 수도위·견도위에서 온갖 인지적인 무명을 벗어난 다음에 정서와 사고로부터 일어나는 온갖 번뇌의 속박을 벗어나려는 수행을 쌓는 기간이다. 소승의 4향 4과의 기간이고 보살수행에서는 41~50단계에 해당한다.
79) 심상을 말한다.
80) 심상: 실제로 외부세계에 존재하지 않고 생각과 관념이 만들어 낸 인식론적 존재다. 표상: 실제로 외부세계에 존재하는 실존적 존재다. 그러나 주관적인 생각과 관념의 영향으로 있는 그대로의 모습이 왜곡되어 드러나고 해석되어진 것이다.
81) 인식의 주관과 객관이 완전히 사라진 열반의 경지에서 드러나는 4가지 지혜, 즉 대원경지, 묘관찰지, 평등성지, 성소작지로 중생을 이익되게 하고 깨달음으로 이끈다.

그러므로 고통의 순간에 뭔가 자기의 마음이 잘못 생각하고 진리에 역행하고 있기 때문이라는 사실을 깨달아서 어리석은 마음으로부터 자유로워지는 마음 수행을 시작하는 것이다.

그래서 고통이 자기 자신과 자기를 둘러싸고 있는 환경에 대한 무지에서 비롯되었다는 사실을 발견한다. 이를테면 남녀를 차별하는 것이 자아에 대한 잘못된 견해와 집착에서 나왔다는 사실을 깨닫는다. 좀 더 구체적인 예를 든다면 어머니의 인정과 사랑의 결핍으로 인한 분노나 콤플렉스의 반작용일 수도 있다는 사실을 알게 된다. 그리하여 잘못된 편견과 집착이 사라진다.

또 집착을 버림으로써 차별적인 무지가 사라지고 '나'와 '너'라고 하는 인식의 주관과 대상의 이원적 구분도 사라진다. 그 결과 평등심을 얻고 남녀를 차별하지 않고 모두를 존중하고 그들을 이익되게 하는 선업을 쌓게 된다.

2. 망심의 진여수행

妄心熏習義有二種 云何爲二 一者分別事識熏習 依諸凡夫二乘人等 厭生死苦 隨力所能 以漸趣向無上道故 二者意熏習 謂諸菩薩發心勇猛 速趣涅槃故

그릇된 마음이 진여를 반복해서 익히는 수행에는 두 종류가 있다. 첫째는 일체 현상이 다 마음이 만들어 낸 심상이거나 표상인 줄을 알지 못하는 모든 범부[82]와 단지 아(我)가 비어 있다는 사실에만 주시하는 성문·연각[83] 등이 생사의 고통을 싫어해서 수행을 통해서 깨달음으로 나아가고자 하는 수행이다. 둘째는 일체의 정신적·물질적 현상들이 모두 마음의 작용으로 인해서 일어난다는 사실을 분명하게 알고 있는 보살[84]이 깨닫고자 하는 마음을 내어 열반으로 나아가는 수행이다.[85]

설명

  모든 중생의 마음 안에는 불성, 양심, 지혜, 진리가 있다. 그렇기 때문에 누구든지 삶의 본질과 가치, 의미를 추구하는 사람들은 무지로 인해서 일어나는 삶의 고통을 싫어하고 존재의 본질에 대한 깨달음을 구하고자 하는 열망이 있다. 그래서 그들은 마음 수행을 시작한다. 그런데 삶의 고통을 싫어하고 마음 수행을 시작하는 사람들의 정신 수준은 대략 두 종류다.

  첫째는 인생에서 일어나는 모든 희로애락이 결국은 마음에서 비롯되었다는 사실을 알지 못하고 무조건 현재의 고통에서 벗

---

82) 아직 보살수행의 1단계에도 들어오지 못한 사람들.
83) 마나식과 아뢰야식, 그리고 의식수준에서의 주객 분별을 알지 못함.
84) 이미 보살수행의 1단계 이상에 들어온 사람들.
85) 이 수준에 있는 보살은 이미 오감각과 제6의식의 수준에서는 주객을 분별하는 마음이 없으므로 마나식의 수준에서 진여를 닦는다.

어나거나 더 많은 욕망을 채우고자 수행을 시작하는 범부들의 수준이다. 아니면 자기 존재의 공허함과 허무를 깨닫고 자기 존재가 영원하지 않고 절대적이지 않다는 사실을 알고 생사의 고통을 싫어해서 수행하는 사람들의 수준이다.

둘째는 이미 모든 것이 다 마음이 만들어낸 관념이고 심상이고 허상임을 아는 상당히 높은 정신적 수준에서 깨달음을 성취하고자 하는 보살들의 경지가 있다.

여기서는 마음 수행을 시작하는 사람들의 세 유형을 소개하고 있다. 하나는 무조건 고통을 싫어하고 행복을 구하는 범부들이다. 다른 하나는 자기 존재와 삶의 허무를 알고 뭔가 자아의 본질이나 가치, 의미를 추구하는 유형이다. 나머지 하나는 일찍감치 모든 인간의 문제가 다 마음에서 비롯되었음을 알고 마음자체를 깨닫고자 수행을 시작하는 유형이다.

3. 두 종류의 진여수행

眞如熏習義有二種 云何爲二 一者自體相熏習 二者用熏習

진여를 익히고 수행하는 방식에는 두 가지가 있다. 하나는 자기 내면에 있는 진여를 닦아서 익히는 것이고, 다른 하나는 외부환경에서 오는 진여를 닦아서 익히는 것이다.

(1) 내면에서 작용하는 진여수행

自體相熏習者 從無始世來 具無漏法 備有不思議業 作境界之性 依此二義恒常熏習 以有力故 能令衆生厭生死苦 樂求涅槃 自信己身有眞如法 發心修行 問曰 若如是義者 一切衆生悉有眞如 等皆熏習 云何有信無信 無量前後差別 皆應一時自知有眞如法 勤修方便 等入涅槃 答曰 眞如本一 而有無量無邊無明 從本已來 自性差別 厚薄不同故 過恒沙等上煩惱 依無明起差別 我見愛染煩惱 依無明起差別 如是一切煩惱 依於無明所起 前後無量差別 唯如來能知故 又諸佛法有因有緣 因緣具足 乃得成辦 如木中火性 是火正因 若無人知 不假方便 能自燒木 無有是處 衆生亦爾 雖有正因熏習之力 若不遇諸佛菩薩善知識等以之爲緣 能自斷煩惱入涅槃者 則無是處 若雖有外緣之力 而內淨法未有熏習力者 亦不能究竟厭生死苦樂求涅槃 若因緣具足者 所謂自有熏習之力 又爲諸佛菩薩等慈悲願護故 能起厭苦之心 信有涅槃 修習善根 以修善根成熟故 則値諸佛菩薩示敎利喜 乃能進趣向涅槃道

본래부터 번뇌망상에 물들지 않고 항상 맑고 깨끗해서 불가사의한 작용으로 스스로를 교화하고 이익되게 하는 진여 자체의 작용적 특징이다. 내면으로부터 항상 맑고 올바른 것을 익히려는 진여의 힘에 의해서 생사의 고통을 싫어하고 깨달음을 구하고자 한다. 그래서 자기 안에 이미 진여가 있음을 믿고 발심하여 수행하게 한다.

만일 모든 중생이 다 자기 마음속에 진여를 이미 가지고 있다면 중생마다 그 수준이나 깨닫는 정도가 다 똑같아야 할 텐데, 어째서 믿음이 있는 중생이 있고 믿음이 없는 중생이 있고, 먼저 깨닫고 나중에 깨닫는 등 중생의 수준에 무수한 차이가 있는가? 또 중생의 마음 속에는 이미 진여가 존재한다면 자기 마음 속에 진여가 있다는 사실을 굳이 특별한 노력이 없어도 알 수 있어야 하고 다같이 수행을 통해서 깨달음에 이르러야 되는 것이 아닌가?

다시 말해서 모든 중생들이 진여를 똑같이 타고났기 때문에 본래 평등하다면 무엇 때문에 중생의 수준이 영리하고 둔하고 올바르고 삿되고 믿음, 불신 등 제각기 다른가? 또 중생들이 똑같이 자기 안에 있는 진여를 익혀서 발심한 것이라면 당연히 다같이 똑같이 수행하고 똑같이 깨달아야만 할 것이다. 그런데 왜 차이가 있는가?

진여는 본래부터 성인에게 있는 것이나 범부에게 있는 것이나 똑같이 동일하지만 성인과 범부가 가지고 있는 어리석음에 차이가 있기 때문에 본질적으로는 평등했던 성품에 차이가 생겨난 것이다.

즉 어리석음으로 인해서 일어난 탐진치, 거만, 의심, 악견의 근본무명과 이로 인한 분노, 원한, 위장, 고뇌, 질투, 인색, 아첨, 들뜸, 게으름, 불신 등 항하의 모래보다 많은 번뇌가 본래 똑같이 깨끗하고 순수한 진여에 물들이는 오염의 정도가 다르다는 말이다. 그로 인해서 일어나는 인지적·정서적 장애도 다르기 때문에 중생들 사이에 깨달음의 정도와 수준에도 무수한 차이가 있게 된 것이다. 오직 무명에 오염되지 않는 진여와 완전하게 하나가 된 여래만이 그 차이를 알 수 있다.

또 모든 부처님들의 가르침에 의하면 모든 현상에는 내적인 직접적 원인(因)과 외적인 간접적 조건(緣)이 있다. 이 두 인과 연이 갖추어져야 현상이 이루어질 수 있다. 이를테면 나무에 있는 불이 붙는 성질은 내적인 원인이다. 그러나 만일 사람이 이 사실을 알지 못하고 불을 붙이는 도구를 마련하지 않았다면 나무가 저 혼자서 자기를 태울 수는 없는 일이다.

중생도 내적인 원인으로써(因) 작용하는 진여를 익히는 힘이 있지만 만약 모든 부처, 보살, 선지식 등을 인연으로 만나서 그들로 하여금 외적인 조건(緣)으로 삼지 못한다면 중생이 스스로 번뇌를 끊고 깨달음에 들어갈 수가 없다. 또 외적인 조건은 있지만 안으로 진여를 익힐 만한 힘을 아직 가지고 있지 못한 사람이라면 또한 생사의 고통을 싫어하고 깨달음을 즐겨 구할 수는 없을 것이다.

만약 깨달음에 필요한 인연이 갖추어진 사람이라면 안으로는 스스로 익히는 힘이 있고 또 밖으로는 모든 부처·보살 등의 자비와 보호를 받기 때문에 생사의 고통을 싫어하는 마음을 일으킬 것이다. 그리고 자기 안에 이미 깨달음의 종자가 있음을 믿고 선근을 닦아 익히며 선근을 닦는 일이 성숙해지면 모든 부처님과 보살이 가르치는 진리를 이해하고 실천하여 이익을 얻고 기뻐하게 될 것이다. 그리하여 점차 깨달음의 길로 향할 수 있는 것이다.

설명

누구든지 깨달음의 종자, 즉 불성, 진여, 진리, 완전한 지혜를 자기 내면에 이미 갖추고 있다. 그렇기 때문에 누구나 본능적으로 자기를 이익되게 하고 행복하고 성장하는 길로 나아간다.

그런데 어떤 사람은 오히려 자기를 파괴하고 망치는 길로 나아간다. 또 똑같이 노력하지만 더 지혜롭게 성장하는 사람과 그렇지 못한 사람이 있다. 그래서 우리는 종종 모든 인간은 부처와 똑같은 불성과 지혜를 가지고 있고 본질적으로 절대평등하고 동등하며 중생이 바로 부처라는 가르침이 뭔가 모순되게 느껴지고 믿기 어려울 때가 있다.

위에서는 그런 의문에 대해서 답하기를 우리 모두는 완전히 동일한 지혜, 진여를 가지고 있지만 어리석음의 정도가 제각기 다르기 때문에 깨달음의 정도나 정신적 수준에 차이가 있다고 한다. 즉 지혜의 차이가 아니라 무지의 차이라는 것이다. 그러므로 깨달음의 문제는 지혜를 얼마나 성취했느냐가 아니라 무지를 얼마나 제거했느냐에 초점을 둘 필요가 있을 것이다.

(2) 외부에서 작용하는 진여수행

用熏習者 卽是衆生外緣之力 如是外緣有無量義 略說二種 云何爲二 一者差別緣 二者平等緣 差別緣者 此人依於諸佛菩薩等 從初發意始求道時 乃至得佛 於中若見若念 或爲眷屬父母諸親 或爲給使 或爲知友 或爲怨家 或起四攝 乃至一切所作無量行緣 以起大悲熏習之力 能令衆生增長善根 若見若聞得利益故 此緣有二種 云何爲二 一者近緣 速得度故 二者遠緣 久遠得度故 是近遠二緣 分別復有二種 云何爲二 一者增長行緣 二者受道緣 平等緣者 一切諸佛菩薩 皆願度脫一切衆生 自然熏習恒常不捨 以同體智力故 隨應見聞而現作業 所謂衆生依於三昧 乃得平等見諸佛故

용훈습은 바로 발심해서 도를 구하는 중생들을 외부에서 돕는 외적인 조건(緣)의 힘이다. 깨달음의 인연을 짓는데 필요한 외적인 조건은 무수히 많지만 크게 두 가지로 구분할 수 있다.

첫째는 차별적인 인연이고[86] 둘째는 평등한 인연이다.

차별적인 인연은 중생이 불보살에 의해서 처음으로 발심하고 도를 구하기 시작해서 성불할 때까지 수행 도중에 불보살의 모습을 보기도 하고 그 공덕을 생각하기도 한다. 불보살은 자비로

---

86) 오감각과 제6의식 수준에서 발심한 범부와 소승에게 다양한 형태로 감응하여 진여를 익히도록 도와주는 작용이다. 이 수준의 중생들은 번뇌의 정도가 제각기 다른 상태에서 발심했기 때문에 중생의 수준과 근기에 따라서 부처님이 감응해서 나타나는 외적인 조건도 같지 않다.

중생을 포섭하고 받아들여서 집안권속, 부모, 친척으로 화현하기도 하고 그보다 낮은 위치에서 중생을 이롭게 하려고 심부름하는 급사의 인연으로 오기도 한다.

또 동등한 위치에서 마음 수행을 권하려고 친구의 인연으로 오기도 한다. 삶과 죽음에 대한 공포를 느껴서 도를 닦게 하려고 원수의 인연으로 오기도 한다. 너그럽게 베풀고 자애롭게 말하고 항상 이익을 주고 희로애락을 함께 해 주면서 깨달음으로 이끌어 주기도 한다. 어떤 인연의 모습으로 오든 불보살이 하는 모든 행위는 중생으로 하여금 대자비를 익히는 힘을 일으켜서 선의 뿌리를 더욱 자라게 한다. 또 불보살의 모습을 보거나 그 음성을 듣도록 하여 수행에 도움을 준다.[87]

한편 중생들은 각자가 가지고 있는 무지와 번뇌의 정도에 따라서 신속하게 생사고해의 바다를 건너기도 하고[88] 오랜 시간의 수행을 거쳐서 비로소 깨달음에 이르기도 한다.[89] 또 중생이 깨달음을 앞당기기 위해서 행하는 수행으로는 너그럽게 베풀거나 절도 있는 행위를 통해서 도에 이르는 경우도 있고 진여를 듣고

---

[87] 여기서 제불보살이 중생의 깨달음을 돕는 외적 조건은 그릇된 생각의 의식적인 조작이 없는 무작대비(無作大悲)로 익히는 것을 말한다. 중생들이 그릇된 마음으로 인위적으로 조작하는 것과는 다르다. 삼신 가운데 응화신이 중생들이 처해 있는 개별적인 상황에 따라서 그들에게 알맞게 작용해 주는 차별적인 모습을 말한다.
[88] 근연(近緣)을 말한다.
[89] 원연(遠緣)을 말한다.

생각하고 닦아서 도에 들어가는 경우도 있다.⁹⁰⁾

평등한 인연은 모든 불보살이 '일체중생이 모두 함께 생사의 세계를 건너 해탈하도록 서원' 했기 때문에 자연스럽게 배어지고 익혀져서 한순간도 중생을 저버리지 않는다.⁹¹⁾ 불보살은 중생과 한마음이 되어 중생이 보고 듣는 정도에 맞게 깨달음을 돕는다. 부처와 한마음이 된 중생은 삼매에 의하여 모든 부처를 평등하게 볼 수 있다.⁹²⁾

설명

앞에서 우리는 모두 똑같은 불성을 가지고 있지만 무지의 정도에 따라서 빨리 깨닫기도 하고 늦게 깨닫기도 한다고 했다. 또 무지의 정도에 따라서 자신의 인생을 성장하고 행복한 삶으로 만들어가기도 하고 퇴보하고 불행한 삶으로 만들어 가기도 한다고 했다.

---

90) 근연에 증장행연(增長行緣)과 수도연(修道緣) 두 가지를 설명한 것이다.
91) 마나식 수준에서 익히고 수행하는 모든 보살을 위하여 차별없이 평등하게 도와주는 외부적인 조건과 인연의 힘이다. 이 수준의 보살들은 이미 모든 것이 다 마음이 만들어 낸 허상이고 심상이라는 사실을 알고 있기 때문에 의식 수준에서는 인식의 주체와 대상을 분별하는 마음이 없다. 그러므로 그들의 수준에 맞게 평등하게 감응해 주는 것이다.
92) 중생 가운데서 진여삼매에 들어갈 수 있는 자가 있기만 하다면 모두가 한몸이라는 지혜의 힘으로 중생이 과거 숙세에 익혔던 보고 들은 것에 따라서 감응하여 작용을 나타내는데, 중생의 삼매 가운데서 몸을 나타내어 설법하고 그들의 도를 성취시킨다.

그런데 이번에는 우리가 가지고 있는 무지의 정도, 즉 내면의 정신 수준과 근기에 따라서 외부로부터 오는 인연도 달라진다는 것이다. 즉 우리가 겉으로 보여지는 외형적 조건이나 이름에 얽매이고 관념과 편견의 틀을 벗어나지 못한, 오감각과 육식의 수준이라면 우리의 수행을 돕는 외적인 인연도 우리의 정신 수준에 맞추어서 차별적으로 온다는 것이다. 왜냐하면 우리 마음이 아직 탐욕과 자아에 대한 집착을 버리지 못했기 때문이다. 그래서 모양과 이름에 따라서 차별하고 분별하기 때문이다.

그래서 우리는 도둑과 사기꾼을 만나서 욕심을 버리는 수행을 하기도 하고 불보살 같은 은인을 만나서 선함을 배우기도 한다. 좋은 도반을 만나서 불법에 입문하기도 하고 강도나 자기를 괴롭히는 사람들과 인연해서 교만을 버리고 겸손을 배우기도 한다. 또 훌륭한 부모나 친척을 만나서 깨달음을 얻기도 하지만 반대로 어려운 환경에서 자라나 일찌감치 마음 수행을 시작하기도 한다.

그런데 우리 가운데는 이미 겉모양이나 이름에 얽매이지 않고 싫고 좋고 더럽고 깨끗하다는 분별없이 평등한 마음으로 수행하는 사람들이 있다. 그들은 일체가 다 마음의 소산이라는 사실을 알고 있기 때문에 의식 수준에서는 얽매임이 없지만 다만 무의식 수준에서만 차별이 있다. 그와 같이 무의식 수준의 깊이에서 마음 수행을 하는 사람들에게는 외부로부터 오는 깨달음을 도와주는 인연 또한 차별이 없이 평등하다. 그들은 삼매 중에 불보살을 만나 깨달음을 얻는다.

결론적으로 마음 수행을 하는 사람들에게 있어서 차별연이 주는 의미는 우리의 삶에서 만나고 인연하는 모든 것들이 다 우리의 깨달음과 성장을 돕기 위해서 오는 불보살의 화현이라는 것이다. 또 평등연은 우리가 만나는 좋고 싫은 모든 인연들이 다 깨달음을 돕는 불보살의 화현이라는 사실을 이미 알고 있는, 정신적 수준이 높은 수행자들을 위한 인연이다. 그들은 이미 명예, 지위, 물질적 부와 같은 세속적 차별을 초월했기 때문에 차별적 인연을 통해서 더 이상 깨달음을 얻을 것이 없다. 그래서 그들에게는 평등하게 삼매를 통해서 불보살을 만나고 깨달음을 얻는다.

4. 깨달음의 원인과 조건으로서의 진여 수행

此體用熏習 分別復有二種 云何爲二 一者未相應 謂凡夫二乘初發意菩薩等 以意意識熏習 依信力故而能修行 未得無分別心 與體相應故 未得自在業修行 與用相應故 二者已相應 謂法身菩薩 得無分別心 與諸佛智用相應 唯依法力自然修行 熏習眞如滅無明故

중생을 깨달음으로 인도하는 내적 원인과 외적 조건을 익히는 과정에는 두 가지 단계가 있다. 첫째는 중생이 닦고 익히는 내면의 진여와 외부환경에서 오는 진여가 서로 일치하지 않는 단계다. 즉 오감각과 의식 수준에서 수행하는 범부, 성문, 연각, 그리고 초발의 보살은[93] 믿음의 힘에 의지해서 수행을 잘 한다. 그러나 이 과정에 있는 수행자는 아직 자기 내면에 있는 진여를 깨닫지 못하고 '나'와 '너'를 차별하기 때문에 외부에서 오는 진여의 작용과 일치하지 못한다.[94]

둘째는 중생이 익히는 내적·외적 진여가 일치하는 단계다. 이 단계에서는 진여의 본질을 깨달은 법신보살[95]이 진여의 무분별심을 체득하였기 때문에 모든 부처님의 지혜와 불가사의한 작용에 일치하여 수행한다.[96] 그러므로 이 단계에서는 오직 법력에 의하여 인위적인 노력이나 의지가 없이 자연적인 수행을 통해서 진여를 익히고 무명을 소멸한다.

설명

수행하는 사람의 정신 수준을 크게 두 단계로 나누어서 설명하고 있다. 하나는 오감각과 의식 수준의 분별심이 있는 상태에

---

93) 보살수행에서 11단계.
94) 외부에서 오는 진여의 작용은 수행하는 중생의 수준과 근기에 따라서 달라지기 때문이다.
95) 보살수행의 41~50단계에 해당하는 지위. 인식의 주관과 객관대상의 분별이 허구임을 아는 단계.
96) 보살이 수행의 결과로 얻은 지혜와 작용이 부처님의 근본지혜와 작용과 서로 일치한다.

서 수행하는 단계고 다른 하나는 그러한 분별심을 제거한 상태에서 수행하는 보다 높은 단계다. 분별은 '나'와 '너'를 차별하고 주객을 차별하는 것을 말한다.

그런데 주객을 분별하는 수준의 사람은 아직 자기 내면의 불성과 진여를 깨닫지 못한 상태이기 때문에 그들의 깨달음을 돕는 외부의 환경이나 조건 역시 그들의 수준에 맞추어서 차별적으로 인연지워진다. 그것을 가리켜서 팔만사천 가지 법문이 있다고 하고 중생의 근기에 따라서 불보살님들이 나투신다고 말하는 것이다. 그러나 그들은 아직 분별하는 수준에 머물러 있기 때문에 무분별심의 진여 자체와 일치하지 못하고 있다.

한편 오감각과 의식 수준에서 분별심이 없이 수행하는 사람들은 자기 내면의 불성과 진여를 어느 정도 깨달은 상태다. 그러므로 그들을 돕는 외부 환경이나 조건 역시 차별없이 인연지워진다. 이들은 분별하는 마음이 없기 때문에 무분별심의 진여 자체와 일치한다.

그러므로 어떤 의미에서 보면 오감과 의식의 차별적 수준에서 수행하는 사람들은 아직 현실적으로 다양한 체험이 필요하다. 한편 '나'와 '너'의 분별을 완전히 떠난 사람들은 보다 깊은 무의식의 수준에서 깨달음을 닦고 삼매 중에 불보살을 친견하고 그들로부터 불가사의한 가르침을 받는다.

위의 가르침을 근거로 보자면 우리 가운데 아직 분별심을 제거하지 못한 사람은 현실의 삶과 다양한 인간관계의 체험을 통해서 마음 수행을 하는 것이 보다 효과적이고, 분별심을 완전히 제거한 사람들은 삼매를 통해서 불보살을 친견하고 더 깊은 깨달음을 얻기 위해서 일정 기간 조용하고 한적한 곳에서 수행하는 것이 효과적일 것이다.

그런데 마음 수행을 하는 사람들 가운데는 현실의 삶과 인간관계가 복잡하고 싫다고 수행의 시작 단계에서부터 무조건 산속이나 사람을 피해서 한가한 곳을 찾는 사람들이 있다.

왜냐하면 그들은 외부 환경의 싫고 좋고 더럽고 깨끗함이 자기 내면의 분별심을 반영하고 그 마음을 닦아서 극복하고 깨닫도록 하기 위해서 오는 불보살의 화현인 줄을 알지 못하기 때문이다. 또 더럽고 깨끗하고 좋고 싫고 괴로운 환경 때문에 더럽고 깨끗하고 좋고 싫고 괴로운 마음이 있는 것이 아니라는 사실을 알지 못하기 때문이다.

5. 실상의 출현과 허상의 생멸

復次染法從無始已來 熏習不斷 乃至得佛 後則有斷 淨法熏習 則無有斷 盡於未來 此義云何 以眞如法常熏習故 妄心則滅 法身顯現 起用熏習 故無有斷

시작을 알 수 없는 아득한 과거부터 중생은 오염되고 그릇된 관념, 생각, 편견, 신념, 심상 등의 허상들을 끊임없이 익혀왔다. 그러다가 깨달음을 얻어서 부처가 되고 나면 그와 같은 허상은 사라지게 된다.

그러나 맑고 바르게 익혀진 실상은 사라지지 않고 미래에도 계속된다. 왜냐하면 중생의 내면에 진여가 항상 작용하고 있기 때문에 그릇된 마음은 멸하고 진여의 작용[97]이 드러나면서 익혀지기 때문이다.

설명

그릇된 관념이나 생각, 심상은 끝이 있어서 언젠가는 소멸된다. 왜냐하면 그것들은 생각이 만들어낸 허상이기 때문이다. 만들어지고 생겨난 것은 때가 되면 반드시 부서지고 소멸되게 되어 있기 때문이다. 그러나 실상은 소멸되지 않는다. 왜냐하면 실상은 그릇된 관념이나 생각이 만들어 낸 것이 아니라 있는 그대로의 실제이기 때문이다.

한편 중생의 내면 깊숙이에는 항상 진여가 작용하고 있기 때문에 수행을 통해서 진여가 드러나는 만큼 그릇된 마음은 소멸된다. 따라서 그릇된 마음이 만들어낸 허상이 소멸되면서 실상이 드러난다.

---

97) 법신을 말한다.

6. 진여의 본질과 특징

復次眞如自體相者 一切凡夫聲聞緣覺菩薩諸佛無有增減 非前際生 非後際滅 畢竟常恒 從本已來 性自滿足一切功德 所謂自體有大智慧光明義故 徧照法界義故 眞實識知義故 自性淸淨心義故 常樂我淨義故 淸涼不變自在義故 具足如是過於恒沙不離不斷不異不思議佛法 乃至滿足無有所少義故 名爲如來藏 亦名如來法身 問曰 上說眞如其體平等 離一切相 云何復說體有如是種種功德 答曰 雖實有此諸功德義 而無差別之相 等同一味 唯一眞如 此義云何 以無分別 離分別相 是故無二 復以何義得說差別 以依業識生滅相示 此云何示 以一切法本來唯心 實無於念 而有妄心 不覺起念 見諸境界 故說無明 心性不起 卽是大智慧光明義故 若心起見 則有不見之相 心性離見 卽是徧照法界義故 若心有動 非眞識知 無有自性 非常非樂非我非淨 熱惱衰變則不自在 乃至具有過恒沙等妄染之義 對此義故 心性無動 則有過恒沙等諸淨功德相義示現 若心有起 更見前法可念者 則有所少 如是淨法無量功德 卽是一心 更無所念 是故滿足 名爲法身如來之藏

진여의 본질은 모든 범부, 성문, 연각, 보살, 부처의 수행과 깨달음의 정도에 따라서 늘어나거나 줄어드는 것이 아니다. 또 생겨났다가 나중에 소멸되는 것도 아니다.

진여의 본질적 모습은 변함없이 항구하여 본래부터 일체의 공덕이 가득 채워져 있다. 진여 자체는 큰 지혜의 빛으로[98] 온 우주를 차별없이 두루 비추고 진실되게 알고[99] 그릇된 생각으로 분별하지 않기 때문에 자성이 청정하다.[100] 진여 자체는 불변하고 즐겁고 진짜 자아의 모습이고 맑고 깨끗하기 때문에[101] 불타는 번뇌를 벗어나서 청량하고 생주이멸의 번뇌가 없이 불변하고 악업에 매이지 않는 자재함을 가지고 있다. 진여는 항하의 모래 수보다 많은 불법을 갖추고 있다. 진여는 진여의 본질과 분리되지 않고 단절됨이 없으며 진여 자체와 다르지 않는 불가사의한 무수한 불법을 갖추고 채워져 있기 때문에 여래장 또는 여래법신이라고도 한다.[102]

그런데 앞에서 진여의 본질은 평등하여 모든 차별적인 모양을 벗어났다고 했는데 어째서 다시 진여의 본질에 이와 같은 여러 가지 차별적인 공덕의 모습이 있다고 말하는가?[103]

---

98) 비로자나법신이 진여 자체다. 항상 지혜로 빛나고 관조하여 어둠이 없다.
99) 망상분별이 없으므로 현상의 실상을 안다.
100) 탐진치, 아만, 의심, 악견을 벗어났기 때문에 인지적·정서적 장애가 없다.
101) 열반사덕으로 현재 과거 미래에 불변의 상(常), 생사의 고통을 떠난 락(樂), 아집을 버리고 무아의 아를 성취한 아(我), 번뇌의 더러움을 벗어난 정(淨)을 말한다.
102) 진여의 본질과 현상이 상호작용하면서 하나의 본질에서 일체의 현상이 드러나고 다시 일체 현상이 하나의 본질로 포섭되는 것을 말한다. 본질과 현상이 서로 모순되지 않고 모두가 깨달음을 위한 인연으로 작용하기 때문에 이를 불법이라고 한다. 그런 의미에서 진여의 본질을 여래장, 여래장을 드러내는 진여의 현상을 여래법신이라고도 말할 수 있을 것이다.
103) 진여의 본질이 공(如實空)하다는 사실은 알고 진여의 본질이 상황과 조건에 따라서 다양한 모습의 현상으로 드러날 때는 공하지 않다(如實不空)는 사실을 알지 못하기 때문에 일어난 의문이다.

비록 진여의 본질이 다양한 공덕의 현상으로 드러나지만 본질적으로 차별이 있는 것이 아니라서 똑같은 일미(一味)일 뿐이며 모두가 하나의 진여일 뿐이다.[104] 즉 분별하지 않는 마음으로 차별적인 모양을 버렸기 때문에 진여의 본질과 드러난 다양한 현상은 두 개의 다른 모습이 아니다. 그러면 본질과 현상이 둘이 아니라면 어떻게 차별적인 현상의 모습을 설명할 수가 있는가? 그것은 중생이 무명에 의해서 인식의 주관과 객관을 분별하는 작용으로 말미암아 생멸하는 성질에 의지해서 항하의 모래 수와 같은 오염된 현상이 나타나는 것이다.

진여는 본래 그릇된 생각에 의해 움직이지 않기 때문에 차별적인 모습이 없는데도 진여의 무량한 공덕의 모습을 말하는 것을 다시 한 번 설명해 보자. 일체의 현상은 본래 오직 마음이 움직여서 나타난 것이라서 실상에는 그릇된 생각이 없다.

그러나 아뢰야식의 생멸심에서 인식주관이 발생하면서 깨닫지 못한 상태가 된다. 다시 깨닫지 못한 상태의 인식주관은 인식대상을 분별해서 보게 된다.

그러나 그릇된 생각이 없어서 마음이 움직이지 않게 되면 그것이 바로 온 우주를 차별없이 비추는 대지혜광명인 것이다. 만일 마음이 인식주관을 일으킨다면 실상을 보지 못하고 허상을

---

104) 그릇된 생각으로 분별하는 인식주관이 없기 때문에 분별되어질 객관대상이 없다.

보게 되지만 마음이 인식주관을 떠나버리면 바로 온 우주를 두루 평등하게 관조할 수 있다.

　마음이 움직이면 진실로 아는 것이 아니다. 마음이 움직이면 드러나는 현상은 실상이 아닌 허상으로서 생멸의 인연을 따르게 된다. 그리하여 모든 현상은 변하지 않는다고 사유하고, 괴로움을 즐거움이라고 사유하고, 실체가 없는 허상을 실체가 있는 실상이라고 사유하고, 더러움을 깨끗하다고 잘못 알아서 들끓는 번뇌망상으로 인하여 속박되고, 항하의 모래 수보다 많은 그릇된 생각을 갖게 된다. 반대로 움직이는 마음을 돌이켜서 움직이지 않게 되면 항하의 모래 수보다 깨끗한 공덕의 모양이 나타나게 된다는 의미다.[105] 그러나 만일 마음을 움직여서 그릇된 관념과 생각으로 눈앞의 현상을 다시 본다면 보여지는 현상은 여전히 불완전한 허상일 뿐이다.

　맑고 깨끗한 진여의 본질과 그 본질이 현상으로 드러난 무량한 공덕의 실상은 바로 한 마음이다. 그릇된 생각으로 분별할 만한 인식대상의 세계가 없이 온통 한마음으로 온 우주에 두루 채워진 것을 여래의 몸이라 하고 여래를 저장하고 있는 여래장이라고 한다.

---

105) 진여는 본래 스스로 움직이지 않기 때문에 망념의 차별적인 모습이 없지만 진여일심이 요동하면 항하사와 같은 망념의 모습이 있으므로 이를 반대로 돌이켜 요동하지 않는다면 항하사를 능가하는 모든 정법의 공덕상을 갖추고 있다는 말이다.

설명

여기서는 본래 깨달은 마음인 진여의 본질과 그 본질의 작용으로 드러나는 현상의 관계를 설명하고 있다. 진여의 본질이 맑고 깨끗하고 평등하고 불변하고 증감이 없기 때문에 중생과 부처가 본래 한마음이고 평등하다. 왜냐하면 중생의 내면에 있는 진여나 부처의 내면에 있는 진여나 본질적으로 동일하기 때문이다.

그런데 중생과 부처가 다른 것은 작용적·현상적 측면이다. 즉 부처의 마음은 무명이 없기 때문에 주객을 분별하는 그릇된 관념과 생각에 의해서 움직이지 않는다. 따라서 부처의 마음에는 '나'와 '너'를 차별하는 그릇된 관념과 생각이 없기 때문에 진여의 작용으로 드러나는 현상은 무수한 공덕의 실상들로 드러난다. 반면에 중생의 마음은 주객을 차별하기 때문에 그릇된 관념이 만들어낸 심상인 허상들로 채워져 있다.

그래서 관념과 편견이 비어버린 부처의 마음은 본래 마음인 진여와 일치하지만 온갖 그릇된 관념과 편견, 생각, 심상들로 채워진 중생의 마음은 본래 마음인 진여와 일치하지 않는다.

위에서 마음이 움직인다는 의미는 오감각과 정서, 사고, 기억이 움직이고 작동한다는 것을 의미한다. 감각과 정서, 사고, 기억이 움직이고 작동한다는 것은 곧 이들이 과거 경험과 기억이라고 하는 프리즘으로 작용한다는 의미다. 그래서 눈앞의 현상을 있는 그대로 비추지 못한다는 말이다.

부처의 마음은 탐진치가 없기 때문에 마음이 움직이지 않는다. 그래서 잔잔하고 맑은 호수처럼 있는 그대로의 현상을 비춘다. 그러나 중생의 마음은 탐진치로 인해서 온갖 감정, 감각, 생각들이 파도치기 때문에 있는 그대로의 현상을 비추지 못하고 오해하고 착각한다.

7. 진여의 작용

復次眞如用者 所謂諸佛如來 本在因地 發大慈悲 修諸波羅密 攝化衆生 立大誓願 盡欲度脫等衆生界 亦不限劫數 盡於未來 以取一切衆生 如己身故 而亦不取衆生相 此以何義 謂如實知一切衆生及與己身 眞如平等無別異故 以有如是大方便智 除滅無明 見本法身 自然而有不思議業種種之用 卽與眞如等徧一切處 又亦無有用相可得 何以故 謂諸佛如來 唯是法身智相之身 第一義諦 無有世諦境界 離於施作 但隨衆生見聞得益 故說爲用

진여의 작용은 모든 부처와 여래가 본래 수행의 과정에서 대자비의 원력을 일으켜서 모든 바라밀을 닦고 중생을 포섭하여 교화시키는 것이다. 그래서 크나큰 서원[106]을 세우고 모든 중생

---

106) 사홍서원, 아미타불의 48원, 약사여래의 12대원 등.

들을 깨닫도록 하기 위해서 시간제한 없이 영원토록 계속 노력한다. 그들은 모든 중생 돌보기를 자기 몸과 똑같이 여기면서도 중생의 생각이나 관념을 취하지 않는다. 무슨 뜻이냐 하면 중생 안에 있는 진여나 자신 안에 있는 진여나 모두 평등하여 차이가 없음을 완전하게 알기 때문이다.

따라서 부처와 여래는 중생의 근기에 맞추어 무수한 수단과 방법으로 중생으로 하여금 깨달음으로 나아가 무명을 모두 소멸하고 진리의 몸을 보도록 하기 위해서 중생의 근기에 따라서 불가사의한 여러 가지 작용을 갖는 것이다.

진여의 작용은 진여와 마찬가지로 온 우주에 미치지 않는 곳이 없지만 작용한다는 의식이 없다. 왜냐하면 모든 부처와 여래는 망상의 분별이 끊어지고 오직 진리의 몸으로 분별된 절대이기 때문이다. 따라서 주객을 분별하는 세속적인 인식대상이 아니라서 일체의 인위적 작용이 없다. 다만 중생이 과거 세세생생 보고 들은 수준에 맞추어서 깨달음으로 이끌고 이익되게 하기 때문에 작용이라 말하는 것이다.

설명

중생은 자기 내면에 진여가 있음에도 불구하고 무지에 가려서 깨닫지 못하고 있다. 그래서 무지를 완전히 제거하여 깨달음을 얻은 모든 부처와 여래가 그런 중생을 가엾이 여겨서 깨달음으로 이끌어 준다. 왜냐하면 모든 부처와 여래는 부처와 여래가 되기 이전에 수행을 처음 시작할 때부터 깨달음을 얻어서 일체의 중생들을 모두 구제하겠다고 서원을 세웠기 때문이다.

그러므로 여기서 말하는 진여의 작용은 무지에 가려져 있는 중생의 진여가 아니라 무지가 전혀 없이 진여 자체만으로 머무르는 부처와 여래의 진여가 중생의 깨달음을 위해서 하는 작용을 말하는 것이다.

부처와 여래는 중생의 깨달음을 위해서 중생을 제도하면서도 중생 안에 있는 진여가 자기와 완전하게 동등하고 평등하다는 것을 알기 때문에 중생과 자신을 차별하지 않는다. 다만 중생들이 가지고 있는 무지의 정도에 따라서 그 수준에 맞게 작용하여 무지를 소멸하고 깨달음을 얻도록 도울 뿐이다.

8. 범부와 보살의 마음에서 작용하는 진여

此用有二種 云何爲二 一者依分別事識 凡夫二乘心所見者 名爲應身 以不知轉識現故 見從外來 取色分齊 不能盡知故 二者依於業識 謂者菩薩從初發意乃至菩薩究竟地心所見者 名爲報身 身有無量色 色有無量相 相有無量好 所住依果亦有無量種種莊嚴 隨所示現 卽無有邊 不可窮盡 離分齊相 隨其所應 常能住持 不毀不失 如是功德 皆因諸波羅密等無漏行熏 及不思議熏之所成就 具足無量樂相 故說爲報身 又爲

凡夫所見者 是其麤色 隨於六道各見不同 種種異類 非受樂相 故說爲應身 復次初發意菩薩等所見者 以深信眞如法故 少分而見 知彼色相莊嚴等事 無來無去 離於分齊 唯依心現 不離眞如 然此菩薩猶自分別 以未入法身位故 若得淨心 所見微妙 其用轉勝 乃至菩薩地盡 見之究竟 若離業識 則無見相 以諸佛法身 無有彼此色相迭相見故 問曰 若諸佛法身離於色相者 云何能現色相 答曰 卽此法身是色體故 能現於色 所謂從本已來 色心不二 以色性卽智故 色體無形 說名智身 以智性卽色故 說名法身徧一切處 所現之色無有分齊 隨心能示十方世界 無量菩薩 無量報身 無量莊嚴 各各差別 皆無分齊 而不相妨 此非心識分別能知 以眞如自在用義故

진여의 작용에는 두 종류가 있다.

첫째는 범부와 이승의 마음에서 작용하는 경우다. 일체 현상을 오감각과 의식의 수준에서 분별하고 판단하는 범부와 이승의 마음으로 보여지는 진여의 작용을 응신이라 이름한다. 이들은 모든 현상이 오직 마음이 움직여서 발생한 인식주관이 만들어 낸 허상임을 알지 못하고 마음 바깥에 실제로 존재하는 실상이 있다고 믿는다. 그래서 생각과 관념에 이름을 붙이고 이미지와 형태를 취함으로써 제대로 알지 못하게 된다.

둘째는 초발의 보살로부터 보살 구경지에 이르는 모든 보살

---

107) 보살수행에서 11~50단계에 해당.

의[107] 마음에서 작용하는 경우다. 마나식의 수준에서 일체 현상은 오직 마음에 의한 것일 뿐, 드러나 보이는 인식대상은 모두 허상임을 아는 보살의 마음으로 보여지는 진여의 작용을 보신[108]이라고 한다. 보신은 무수히 다양한 형태와 모양으로 나타나는데, 그 모양은 잘 생기고 훌륭한 용모이며 땅이나 집, 옷 등 갖가지로 장엄하며, 곳에 따라 나타나는 것이 끝이 없고 없어지지 않으며 한계가 없다.

차별적인 모양이 없이 보는 이의 마음에 따라서 무궁무진하여 훼손되거나 잃어버리는 일이 없다. 이와 같은 공덕과 복락은 모두 십바라밀 등의 번뇌에 물들지 않는 법을 수행해서 익히고 안으로는 불가사의한 진여를 익힘으로써 한량없는 즐거운 공덕의 모습을 빠짐없이 갖추었기 때문에 보신이라고 하는 것이다.

한편 범부에게 보여지는 진여는 감각 수준에서 겉으로 드러난 모양이다. 그러므로 육도중생이 각자 보는 수준이 달라서 진여가 보여지는 모습 또한 같지 않다. 깨달음이 어느 정도 이루어진 경지에서 보여지는 즐거운 모습이 아니다. 자기 마음의 수준과 상태에 따라서 반영되는 차별적인 보습을 보기 때문에 응

---

108) 현상의 차별이 진짜 차별이 아니라 마음의 작용임을 알기 때문에 공간에 구애됨이 없고 훼손하거나 잃어버리지도 않는다. 그래서 한량없는 즐거운 상을 갖추었다고 한다. 그러나 보신은 보살의 삼매에서 인식대상은 사라지고 인식주관만 남은 상태에서 나타나 보이는 모습이다. 그래서 마음 밖에서 온 것이 아니라는 사실은 알지만 여전히 인식주관은 남아 있는 상태다.

신이라고 말한다.[109]

 그러나 초발의 보살 등이 보는 것은 진여법을 깊이 믿기 때문에 작게나마 부분적으로 보신을 본다. 그리고 보여지는 보신의 모양과 형태와 장식 등의 것들이 오는 것도 없고 가는 것도 없어 차별을 떠났으며 오직 마음에 의하여 나타날 뿐 진여를 떠나지 않은 것임을 안다.

 그러나 이 보살은 아직 인식주관이 남아있기 때문에 스스로를 분별하므로 완전한 깨달음이 아니며 아직 법신의 자리에 들어가지 못했다. 만약 인식주관이 사라져서 주객을 분별하는 오염된 마음이 사라지고 깨끗하고 맑은 마음을 얻게 되면 미묘한 관찰과 뛰어난 작용으로 점차 보살로서의 모든 수행을 완성한 50단계에 이르게 되고 그 때에는 궁극적인 깨달음에 이르게 된다. 만약 마나식이 사라지면 보고 보여지는 것이 또한 없어진다. 이 때부터는 모든 부처의 법신의 모양과 형태가 사라진다. 왜냐하면 인식주관과 인식대상이 사라졌기 때문이다.

 만약 모든 부처의 법신이 모양과 형태가 없다면 어떻게 응신, 보신과 같은 모양과 형태를 나타낼 수 있는가? 법신은 모양의 본체이기 때문에 모양을 나타낼 수 있다. 본래부터 겉으로 드

---

109) 응신(應身)은 중생이 자기 수준으로 지각하고 반영하여 상대적으로 드러나는 모습이라는 의미. 이를테면 지옥중생이 보는 부처님의 모습은 무시무시하고 무서운 상이다.

러나는 모양과 마음은 둘이 아니다. 왜냐하면 겉으로 드러난 모양의 본질은 진여이기 때문이다. 모양의 본체인 진여에는 보신이나 화신과 같은 형상이 없는 것을 가리켜 진여의 몸이라고 한다. 진여의 성품이 곧 모양인 까닭으로 법신은 모든 곳에 두루하다고 말하는 것이다. 진여는 중생의 마음을 따라 시방세계에 무량한 보살과 무량한 보신과 무량한 장엄으로 각기 다른 모양을 드러내면서도 진여 자체의 성품에는 차별이 없기 때문에 서로 방해되지 않는다. 이러한 작용을 무명에 의해서 움직여진 마음에서 발생한 주객을 분별하는 마음으로는 알 수 없다. 왜냐하면 무명에 오염되지 않은 진여의 자유자재한 작용이기 때문이다.

설명

아이를 교육할 때 어떤 아이는 회초리를 들어야 말을 듣고, 어떤 아이는 칭찬이 필요하고, 또 어떤 아이는 설명하거나 보여주는 것으로 충분하다. 마찬가지로 중생이 그릇된 관념과 생각을 버리고 깨달음으로 나아가는 데도 지옥이나 벌 등의 두려움과 고통이 필요한 정신 수준의 사람이 있는가 하면, 천국이나 영생의 가르침이 필요한 정신 수준의 사람이 있기도 하다. 아니면 보다 높은 차원의 본질적인 가르침이 필요한 사람도 있다.

그런데 여기서 중요한 사실은 아이를 때려서 가르칠 것인지

칭찬을 하거나 설명을 해서 가르칠 것인지는 부모나 교사가 가지고 있는 관념, 생각, 신념에 따라서 의지적으로 결정하고 판단한다. 그러나 중생을 깨달음으로 인도하는 부처와 여래는 교사와 같은 그런 인위적인 의지가 없다. 그러므로 부처와 여래는 모든 중생을 차별없이 대하지만 중생의 수준이 제각각이라서 부처와 여래의 자비와 지혜를 받아들이는 모양이 다르고 깨달음의 정도도 달라지는 것이다. 이는 마치 태양이 온 우주를 차별없이 비추는데, 산과 계곡과 나무와 땅들이 저마다 생김새가 달라서 빛을 더 받기도 하고 덜 받기도 하는 이치와도 같은 것이다. 태양이 빛을 발해서 모든 생명을 자라게 하고자 하는 인위적 노력이 없듯이 부처와 여래 또한 중생을 이익되게 하고자 하는 의지적 노력이 없이 일체 중생을 골고루 보살핀다. 다만 중생의 정신 수준이 '나'와 '너'를 주객으로 분별하고 차별하는 범부와 성문·연각의 마음이냐, 아니면 적어도 의식 수준에서는 주객을 벗어난 보살의 마음이냐에 따라서 부처와 여래를 체험하는 정도가 달라지는 것뿐이다.

● 6장

생사에서 열반으로

6장 생사에서 열반으로

復次顯示從生滅門卽入眞如門 所謂推求五陰色之與心 六塵境界 畢竟無念 以心無形相 十方求之終不可得 如人迷故 謂東爲西 方實不轉 衆生亦爾 無明迷故 謂心爲念 心實不動 若能觀察知心無念 卽得隨順入眞如門故

여기서는 생사윤회하는 마음의 세계에서 생사를 벗어난 깨달음의 세계로 들어가는 경로를 드러내 보일 것이다. 우선 중생을 이루고 있는 다섯 가지 요소[110]들의 형태와 마음을[111] 찾아서 들어가 보면 마음작용을 따라서 일어난 모양, 소리, 향기, 맛, 촉감, 뜻의 6가지 인식대상은 아무리 잘게 부수어도 그 속에는 마음이 들어있지 않다.

또 마음도 형상이 없는지라 시방으로 찾아보아도 끝내 마음의 모양은 찾을 수가 없다. 마치 방향을 모르는 사람이 동쪽을

---

110) 인간을 특징짓는 5단계의 인식과정: 1)색(色)-감각작용으로 차별되고 분별된 대상 2)수(受)-차별된 대상을 좋아하거나 싫어함으로써 갖게 되는 괴로움이나 즐거움 등의 느낌을 갖는 정서작용 3)상(相)-대상에 이름을 붙이고 개념을 짓는 사고작용 4)행(行)-그에 따라서 의도하고 지향하는 의지작용과 의지적 욕구 5)식(識)-식별하고 판단하는 인식작용.
111) 색은 오온 가운데 첫 번째인 색을 말하고 마음은 나머지 수상행식을 지칭한다.

서쪽이라고 말한다고 해서 서쪽이 동쪽으로 바뀌지 않는 것과도 같은 이치다. 중생도 무명으로 미혹해져서 마음이 바로 그릇된 관념이고 생각인 줄로 착각하지만 마음은 움직이는 것이 아니다.[112] 그러므로 만약 마음은 생각이 없는 무념이라는 사실을 잘 관찰해서 알면 곧 순리를 따라서 깨달음의 문으로 들어가게 될 것이다.

I. 그릇된 집착을 고쳐서 바로잡음

對治邪執者 一切邪執皆依我見 若離於我 則無邪執 是我見有二種 云何爲二 一者人我見 二者法我見

모든 그릇된 집착은 나의 생각과 견해로부터 말미암아 비롯된 것이다.

그러므로 '나'를 버리면 그릇된 집착도 없어지게 될 것이다. 나의 잘못된 견해와 생각에는 인아견(人我見)과 법아견(法我見)이 있는데, 인아견은 전체 현상을 주재하는 자가 있다고 집착하는

---

112) 진실된 마음은 무념이고 부동이다. 움직이는 것은 생각, 관념이다.

것이고, 법아견은 모든 현상에는 영원불변하는 독립된 실체가 있다고 집착하는 것을 말한다.

1. 범부들의 그릇된 견해

人我見者 依諸凡夫說有五種 云何爲五 一者聞脩多羅說 如來法身 畢竟寂寞 猶如虛空 以不知爲破著故 卽謂虛空是如來性 云何對治 明虛空相是其妄法 體無不實 以對色故有 是可見相令心生滅 以一切色法本來是心 實無外色 若無外色者 則無虛空之相 所謂一切境界 唯心妄起故有 若心離於妄動 則一切境界滅 唯一眞心無所不徧 此謂如來廣大性智究竟之義 非如虛空相故 二者聞脩多羅說 世間諸法畢竟體空 乃至涅槃眞如之法亦畢竟空 從本已來自空 離一切相 以不知爲破著故 卽謂眞如涅槃之性唯是其空 云何對治 明眞如法身自體不空 具足無量性功德故 三者聞脩多羅說 如來之藏無有增減 體備一切功德之法 以不解故 卽謂如來之藏有色心法自相差別 云何對治 以唯依眞如義說故 因生滅染義示現說差別故 四者聞脩多羅說 一切世間生死染法 皆依如來藏而有 一切諸法不離眞如 以不解故 謂如來藏自體具有一切世間生死等法 云何對治 以如來藏從本已來 唯有過恒沙等諸淨功德 不離不斷 不異眞如義故 以過恒沙等煩惱染法 唯是妄有 性自本無 從無始世來未曾與如來藏相應故 若如來藏體有妄法 而使證會永息妄者 則無是處故 五者聞脩多羅說 依如來藏故有生死 依如來藏故得涅槃 以不解

故 謂衆生有始 以見始故 復謂如來所得涅槃有其終盡 還作衆生 云何
對治 以如來藏無前際故 無明之相亦無有始 若說三界外更有衆生始起
者 卽是外道經說 又如來藏無有後際 諸佛所得涅槃與之相應 則無後
際故

인아견은 모든 범부들이 가지고 있는 것으로서 다섯 가지가 있다.

첫째는 경에서 여래법신이 끝내는 적막하여 허공과 같다고 하는 말을 듣고 이것이 여래법신에 대한 집착을 깨뜨리기 위한 것인 줄 모르고 허공이 바로 여래의 성품이라고 여기는 것이다.

이러한 집착은 어떻게 바로잡아야 되는가? 허공의 모양은 생각이 만들어 낸 허상이기 때문에 실체가 없고 실제로 존재하는 것이 아니다. 다만 생각과 관념적으로 정의되어질 수 있는 허공이라는 개념을 모양과 형태로 비유해서 마치 허공의 모양이 실제로 있는 것처럼 말로써 표현한 것에 불과하다.

그래서 마음이 생멸하는 것이다.[113] 생각과 관념이 만들어 낸 모든 관념적 이미지와 모양은 허상이고 그것은 마음 안에 존재하는 심리적·인식론적 존재일 뿐, 마음 바깥에 실제로 존재하는 물리적·감각적 존재가 아니다.

---

113) 마음은 원래 불생불멸인데 마음 안에 생각이 일어나기 때문에 마음이 생멸하는 것으로 여겨질 뿐, 실제로는 생각이 생멸하는 것이다.

따라서 관념적으로 정의된 허공의 모양은 없는 것이다. 모든 관념적·인식적 대상은 생각이 만들어 낸 심상이기 때문에 그릇된 생각을 버리면 일체의 심상도 사라지게 된다. 일체의 심상이 사라지고 나면 오직 하나의 진실된 마음이 온 우주에 두루하게 된다. 이것이 바로 여래의 광대무변한 지혜의 성품이고 최상의 경지라는 것이지 허공의 모양이 곧 여래의 성품이라는 뜻이 아니다.

두 번째는 경에서 세속의 모든 관념들이 본질적으로 공(空)한 것이고 심지어 열반이나 진여도 종국에는 공한지라 본래부터 본질이 공해서 어떤 모양도 없다는 말을 듣고 이것이 열반과 진여에 대한 집착을 깨뜨리기 위한 것인 줄 모르고 진여와 열반의 본질이 오직 공이라 여긴다. 이것을 어떻게 바로잡아야 하는가? 진여법신 자체가 공하지 않다는 사실을 밝혀야 한다. 왜냐하면 진여의 본체는 공하지만 그 진여본체의 작용인 진여법신은 모든 중생의 깨달음과 이익을 위해서 한량없는 성공덕을 갖추고 있기 때문이다.

세 번째는 경에서 여래장은 늘어나거나 줄어듦이 없이 여래장 자체에 일체의 공덕을 갖추었다고 하는 말을 듣고 이것이 여래장에 대한 믿음과 이해를 가져오게 하려는 것임을 알지 못하고 여래장 안에는 공덕의 형태와 여래장 자체인 진여가 서로 다른 두 개의 차별적 모습으로 존재한다고 생각한다. 이를 어떻게 고쳐서 바로잡아야 하는가? 여래장 자체에 일체의 공덕을 갖추었다고 하는 것은 진여의 본체와 작용의 관계를 비유해서 설명한 것이다.

따라서 여래장의 본체와 그 작용인 공덕상은 서로 독립적인 별개가 아니라 본질과 그 본질의 작용 관계와 같은 것이다. 게다가 일체의 공덕이라고 말함으로써 공덕의 차이와 다양성이 있다고 말했지만 그 다양성과 차이라는 것이 여래장 자체가 가지고 있는 본질적인 차이가 아니다. 진여의 작용처럼 상황과 조건에 따라서 중생의 근기에 맞추어 다양한 형태로 작용한다는 의미다.

네 번째는 경에서 세속의 생사윤회하는 모든 오염된 인식대상들이 다 여래장에 의해서 있는 것이다. 그러므로 모든 현상들은 진여와 별개로 존재하는 것이 아니다 라는 말을 듣고 여래장 자체에 세간의 생사윤회하는 모든 성질을 빠짐없이 갖추고 있다고 여긴다. 어떻게 고쳐서 바로잡아야 하는가? 여래장에는 오직 원래부터 항하의 모래 수보다 많은 모든 청정한 공덕만이 있을 뿐이다. 왜냐하면 여래장은 진여와 분리되거나 단절된 것이 아니며 진여와 다른 별개의 것이 아니기 때문이다.[114]

항하의 모래 수보다 많은 번뇌로 오염된 관념은 오직 허망한

---

114) 여래장이 바로 진여와 같다는 의미.

마음이 요리조리 생각하고 계산해서 만들어낸 심상으로서, 실제로는 존재하지 않는 허상일 뿐이다. 여래장의 본질에는 본래부터 없었던 것이다. 만일 여래장의 본체에 정말로 그와 같은 허상이 있다면 진여를 깨달아서 그릇된 마음을 영원히 소멸한다는 것은 불가능할 것이다.

다섯 번째는 경에서 여래장에 의해서 생사도 있고 열반도 얻을 수 있다고 하는 말을 듣고 그 의미를 올바로 이해하지 못한다. 그래서 '여래장에 의해서 생사가 있다'라는 말에서, 여래장이 먼저 있고 생사가 나중에 있다고 받아들여서 중생의 생사법은 시작이 있다고 생각한다.[115]

또 '생사도 있고 열반도 얻을 수 있다'는 말에서, 생사가 먼저 있고 열반이 나중에 있다고 생각한다. 그래서 여래가 얻은 열반은 끝이 있기 때문에 열반이 끝나면 다시 중생이 된다고 생각한다. 어떻게 고쳐서 바로잡아야 하는가?

여래장은 시간적으로 시초가 없기 때문에 여래장을 의지해서 일어난 생사의 무명도 역시 시작이 없다. 만일 무명으로 인해서

---

115) 즉, 중생의 생사법의 시작이 여래장이라고 받아들인다.
116) 중생의 마음과 생존 상태를 세 단계로 나눈 것: (1)욕계(欲界)-탐욕이 들끓는 세계로 지옥·아귀·축생·아수라·인간·육욕천을 말함. (2)색계(色界)-탐욕에서는 벗어났지만 아직 모양과 형태에 얽매여 있는 세계로 17천이 있음. (3)무색계(無色界)-형상의 속박에서 완전히 벗어난 순수한 선정의 세계로 공무변천·식무변천·무소유천·비상비비상천을 말함.

발생되는 삼계를[116] 벗어나서 중생이 시작된다고 하는 자가 있으면 그것은 외도의 경전에서 말한 것이다. 또 여래장은 끝이 없다. 왜냐하면 모든 부처가 얻은 열반이 바로 여래장과 일치하기 때문에 끝이 없는 것이다.

설명

 인식주관에 대한 그릇된 견해와 집착을 지닌 범부가 불법의 말씀을 듣고 오감과 의식 수준에서 분별하여 잘못 생각하고 받아들이는 것이다.

 그리하여 말에 대한 집착을 떠나 진정한 의미를 체득하지 못하고 그릇된 관념으로 말 자체에 집착하여 원래 의도한 의미를 자기 중심적으로 왜곡하여 받아들인다. 이를테면 마음의 본체인 진여를 공(空)의 개념으로 설명하여 허공에 비유하면 범부는 허공의 모양을 생각한다.

 그래서 속이 텅 빈 모양을 생각하고 그야말로 마음의 본체는 아무 것도 없는 무(無)라고 생각한다. 그들은 진여가 걸림이 없고 막힘이 없어서 일체를 있는 그대로 받아들이고 또 끝없이 무한하고 광대해서 무엇이든지 무한히 수용할 수 있는 허공의 작용과 같다는 생각을 하지 못한다.

 그들은 또 오감각의 수준에서 생각하고 받아들이기 때문에 진여가 색깔이 없고 맛이 없고 모양이 없고 줄어들지도 늘어나지도 않는다고 하면 그들의 정신 수준을 능가하는 것이기 때문에, 올바로 이해하지 못하고 자기 사고의 틀 안에 집어넣어서 진리를 왜곡시켜버리고 만다.

2. 성문·연각승의 그릇된 견해

法我見者 依二乘鈍根故 如來但爲說人無我 以說不究竟 見有五陰生滅之法 怖畏生死 妄取涅槃 云何對治 以五陰法自性不生 則無有滅 本來涅槃故

성문과 연각승의 이해 수준은 아직 일체의 정신적·물질적 현상은 실체가 없으며 허상이라는 깨달음의 최고 경지인 법무아(法無我)를 이해할 수 있는 단계가 아니다. 그러므로 여래께서는 다만 인무아만을 설명하셨다.

그래서 성문과 연각승은 인간을 구성하고 있는 다섯 가지 요소가[117] 생멸한다는 사실을 깨닫고 생사를 두려워하여 열반이 실체를 가지고 있는 실상인 줄 알고 열반을 얻으려고 집착한다. 이것을 어떻게 고쳐서 바로잡아야 하는가? 다섯 가지 요소(색수상행식)의 본질이 바로 진여고 열반이기 때문에 생겨나지도 않고 소멸되지도 않는다.

---

117) 각주 27 참고.

설명

우리가 도를 닦고 깨달음을 얻어야겠다는 마음을 내는 가장 일차적인 동기는 세상을 살아가는 일이 힘들고 고달프기 때문이다. 또 현실을 싫어하고 현실에 염증을 낸 나머지 뭔가 좀 더 깨끗하고 순수한 이상세계에 대한 동경을 갖게 된다. 그런 사람들은 인간 존재가 무상하고 허망하며 영원하지 않다는 사실을 깨닫고 깨달음의 세계를 갈구하게 된다.

그 결과 깨달음의 세계가 이 현실세계와는 다른 곳에 실제로 공간적으로 존재한다고 믿고 집착하게 된다. 다시 말해서 속세를 미워하고 싫어해서 현실은 더럽고 지저분한 세상이며, 열반은 깨끗하고 순수하다고 좋아해서 집착하는 것이다.

그런데 열반을 좋아하고 집착해서 얻고자 하는 것과 열반을 향해서 깨달아 나아가는 것과는 완전히 다른 것이다. 전자는 열반과 현실을 이원적으로 분별해서 좋아하고 싫어함으로써 또 다른 고통과 번뇌를 만드는 것이다.

법화경에서는 다음과 같은 예를 들어서 이것을 잘 설명하고 있다. 돈을 벌려고 집을 나갔던 아버지가 돈을 벌어서 돌아오는데 자기 집이 화재가 나서 불에 타고 있었다.

그런데 집안에서는 아이들이 노는 데 정신이 팔려서 불이 난 줄도 모르고 신나게 놀고 있었다. 그래서 아버지가 불이 났으니 빨리 문 밖으로 나가자고 아무리 고함을 질러도 아이들은 들은 척도 하지 않았다. 하는 수 없이 이번에는 아버지가 아이들에게 아버지가 돈을 많이 벌어서 너희들에게 주려고 아주 좋은 선물들을 샀는데 지금 마당에 있다고 유인작전을 폈다. 그랬더니 귀가 솔깃해진 아이들이 노는 것을 멈추고 일제히 마당으로 뛰어나갔다.

그런데 막상 마당에 나가 보니 아버지가 말했던 선물은 보이지 않았다. 그래서 아이들이 아버지가 말한 선물이 어디에 있느냐고 불평을 하다가 마침 불길이 점점 커져서 집이 무섭게 활활 타는 모습과 잿더미로 변해가는 모양을 지켜보게 되었다. 그제서야 아이들은 아버지가 자기들의 목숨을 구했다는 사실을 알게 되었으며 아버지가 말했던 선물은 진짜가 아니라 자기들의 목숨을 구하기 위해서 방편적 수단으로 사용한 것이라는 사실을 알게 되었다.

여기서 열반은 선물에 해당한다. 그러므로 마음 수행을 하는 우리들은 선물을 향해서 불타는 집을 뛰쳐나오는 아이들처럼 열반을 향해서 나아가고 있다고 해도 좋을 것이다. 그렇다면 우리는 어디에 있는 아이들인가? 집에 불이 나서 빨리 바깥으로 나가지 않으면 타서 죽게 된다는 사실도 모르고 신나게 놀고 있는 아이들인가, 아니면 멋진 선물을 받기 위해서 마당으로 뛰어나오고 있는 아이들인가, 선물이 어디에 있느냐고 불평하는 아이들인가, 불타는 집을 바라보고 있는 아이들인가.

II. 세속과 열반의 상대성

復次究竟離妄執者 當知染法淨法皆悉相待 無有自相可說

그릇된 집착을 끝까지 완전하게 버린다는 것은 더러운 세속과 깨끗한 열반이 서로 상대를 의존해서 존재하는 것이 아니다. 그렇기 때문에 세속과 열반은 둘 다 독립적이고 고유한 특징을 가지고 있지 않기 때문에 실상이 아니다.

설명

마음 수행을 하다보면 실천보다 생각이 앞서가기가 쉽다. 또 깨닫고자 하는 마음이 지나치게 간절하고 급해지면 깨달음 자체에 집착하게 된다. 그래서 은연 중에 열반의 세계가 세속과 별도로 존재한다고 믿게 된다.

그러나 열반은 무지하고 오염된 마음의 세계인 속세의 상대적 개념으로서 지혜와 깨끗함을 설명하기 위해 붙여진 이름에 불과하다.

1. 불가설의 진리

是故一切法從本已來 非色非心 非智非識 非有非無 畢竟不可說相

그러므로 모든 진리는 본래부터 물질적인 형태도 아니고 정신적인 개념도 아니다. 지혜도 아니고 앎도 아니다. 또 있는 것도 아니고 없는 것도 아니다. 궁극적으로는 진리의 본질이나 특징을 설명할 수가 없다.

설명

우리는 진리를 설명할 때, 감각적으로는 형태, 모양, 색깔, 맛, 냄새, 촉감 등의 개념을 사용하고 사고적으로는 옳고 그르고, 성스럽고 속되고, 보다 더 위대하고 절대적이고 본질적이다는 등의 개념을 사용한다.

그러나 그것은 어디까지나 설명일 뿐 그것이 진리 자체는 아니다. 왜냐하면 진리는 감각적·인지적 개념이 아니기 때문이다. 따라서 감각적·인지적 설명으로 이해되어지는 관념적 지혜나 앎도 진리가 아니다. 또 관념적 지혜나 앎으로써 있다고 설명되고 없다고 설명되어지는 것이 진리가 아니다.

금강경에서 설해지고 있듯이 진리는 가히 말로써 규정짓거나 설명되어 질 수 있는 것이 아니다.

그러면 왜 진리 자체는 말로써 설명할 수가 없는가?

그건 지금까지 앞에서 설명했듯이 진여는 주객 분별을 초월한 것이기 때문이다. 즉 주객을 분별하고 차별화하는 것 자체가 망상이고 진리에 역행하는 것인데 진리를 말로써 개념적으로 설명하게 되면 진리를 인식대상으로 삼고 분별하는 것이 되기 때문이다.

그래서 도(道)와 깨달음을 설명하는 데 직지인심(直指人心), 교외별전(敎外別傳), 불립문자(不立文字) 등의 표현을 사용하는 것이다.

2. 불가설을 설하는 취지

而有言說者 當知如來善巧方便 假以言說引導衆生 其旨趣者 皆爲離念歸於眞如 以念一切法令心生滅 不入實智故

말로써 설명할 수 없는 진리를 설명하는 까닭은 여래가 중생들을 고통에서 벗어나게 하기 위해서 하나의 수단으로 사용하는 것이다.

그러므로 진리를 가리키기 위한 수단으로 사용되어진 언어와 말에 매달려서 정말로 설명하고자 하는 진짜 의도를 왜곡해서는 안 된다. 진짜 의도는 그릇된 관념과 생각을 버리고 깨달음으로 향하도록 하기 위한 것이다.

세속이든 열반이든 잘못 알고 집착하면 그 마음이 생멸변화하기 때문에 진정한 지혜에 들어가지 못한다.

설명

  깨달음을 향해가는 사람들 가운데는 종종 두 가지 오류를 범하는 이들이 있다. 하나는 진리는 말로써 설명할 수 없다는 그 말에 매달려서 무조건 책을 외면하는 것이다. 그래서 불법에 대해서 이론적으로 무지하고 논리성과 체계성이 떨어진다. 그 결과 불법의 포교와 발전, 성장을 저해한다.

  두 번째 오류는 불법을 공부하고 설명하는 궁극적 목적을 망각하는 것이다. 그래서 경전의 일부나 특정 표현에 집착해서 그것을 근거로 자기 생각이나 주장을 고집한다. 이를테면 경율론 삼장은 모두 깨달음을 향해가는 수단으로서 설해졌다는 사실을 잊어버리고 시대와 상황을 무시한 채 남녀를 차별하거나 수행방법의 우열을 차별한다.

  여기서는 불법의 모든 가르침은 한결같이 깨달음을 향하도록 하는 도구로 사용되는 것이지 그 가르침 자체에 매달려서 논쟁하거나 그것으로 인한 편견을 가지지 말라는 것이다.

III. 깨달음을 향해 나아가는 단계

分別發趣道相者 謂一切諸佛所證之道 一切菩薩發心修行趣向義故 略說發心有三種 云何爲三 一者信成就發心 二者解行發心 三者證發心

모든 보살이 수행하고자 하는 마음을 일으켜서 부처님이 깨달은 도의 길로 나아가는 데는 대략 세 종류가 있다.

첫째는 믿음을 성취한 단계에서 수행하고자 하는 마음을 일으키는 경우고,[118] 둘째는 믿음을 이해해서 실천하는 단계에서 마음을 일으킨 경우고,[119] 셋째는 깨달음을 얻은 단계에서 마음을 일으키는 경우다.[120]

인식주관이 인식대상에 대해 일으키는 6가지 작용(분별, 상속,

---

118) 깨달음을 향한 보살의 52단계 수행에서 믿음의 단계인 처음 10단계를 모두 닦아서 성취하고 11단계에 있는 경우다. 산란한 마음을 멈추는 3가지 마음상태(모든 현상은 공이라고 체득하여 망상을 멈춤, 일시적인 화합으로 존재하는 현상을 긍정하고 인연에 따르면서 안주함, 공에 치우치거나 인연에 치우치지 않고 중도에 머무름)를 개발되고 오안(가려진 것을 보지 못하는 범부의 육신에 갖추어진 육안, 겉모습만 보고 그 본성은 보지 못하는 욕계 색계의 천인이 갖추고 있는 눈, 현상의 이치는 보지만 중생을 구제하는 방법을 알지 못하는 성문 연각의 눈, 모든 현상의 참모습과 중생을 구제하는 방법을 두루 아는 보살의 눈, 모든 것을 꿰뚫어 보는 부처의 눈)이 개발된다.
119) 30단계까지 닦아서 성취하고 31단계에 있다. 법공을 잘 알고 법계의 순리를 거슬리지 않고 육바라밀을 닦아서 육도를 윤회하는 행위가 순결해지고 성숙된다.
120) 앞의 두 과정을 거치면서 40단계까지 닦고 41에서 50단계에 있다. 법신을 증득하여 진심을 일으킨다.

집착, 계명자상, 이름에 집착해서 그릇된 행위를 일으킴, 그릇된 행위에 얽매여 괴로움의 과보를 받음)이 타파되고 진여의 작용이 발기했다.

1. 믿음의 단계에서 발심

(1) 수행대상

信成就發心者 依何等人 修何等行 得信成就 堪能發心 所謂依不定聚 衆生 有熏習善根力故 信業果報 能起十善 厭生死苦 欲求無上菩提 得値諸佛 親承供養 修行信心 經一萬劫 信心成就故 諸佛菩薩敎令發心 或以大悲故 能自發心 或因正法欲滅 以護法因緣 能自發心 如是信心 成就得發心者 入正定聚 畢竟不退 名住如來種中 正因相應 若有衆生 善根微少 久遠已來煩惱深厚 雖値於佛亦得供養 然起人天種子 或起 二乘種子 設有求大乘者 根則不定 若進若退 或有供養諸佛未經一萬 劫 於中遇緣亦有發心 所謂見佛色相而發其心 或因供養衆僧而發其心 或因二乘之人敎令發心 或學他發心 如是等發心 悉皆不定 遇惡因緣 或便退失墮二乘地

어떤 사람이 어떤 행위를 닦아서 믿음을 얻고 깨달음을 얻고자 하는 마음을 일으킬 수 있는가? 발전하고 진보해서 깨달음의 경지에 도달할는지, 아니면 반대로 타락하고 퇴보해서 악도에 떨어질는지 결정이 안 된 중생이다.[121]

이들에게는 밖으로 들어서 익힌 것과 본래 내면으로부터 알던 것을 익히고 전생부터 닦아서 익힌 선의 뿌리가 있어서 업의 과보를 믿고 오계와 십선업을 일으키며 생사의 고통을 싫어하고 더없이 높은 깨달음을 구하고자 하기 때문에 여러 부처를 만나 직접 받들어 공양하고 신심을 닦는다.

그렇게 일만 겁을 닦아서 신심을 모두 성취했기 때문에 모든 부처와 보살의 가르침으로 발심을 하거나, 혹은 스스로 중생을 불쌍히 여기는 마음이 일어나서 그들을 돕고자 발심하거나, 아니면 올바른 가르침이 사라져 가는 것을 보고 올바른 가르침을 보호하려는 인연으로 발심하게 된다. 믿음을 얻어서 발심하게 된 사람은 항상 앞으로 나아가고 발전하기 때문에 반드시 성불하기로 결정하고 물러서지 않는다.

그러므로 그들의 믿음은 부처가 될 수 있는 종자에 머물러서 바로 부처의 종자가 싹틀 수 있도록 하는 원인이 된다. 만약 어떤 중생이 선의 뿌리가 작아서 아득히 먼 옛날부터 번뇌가 매우 두텁다면, 비록 부처를 만나 공양하게 되더라도 육도에서 인간계와 천상계의 종자를 일으키고 혹은 성문과 연각의 종자를 일으킨다.[122] 설사 대승을 구하는 사람이 있더라도 근기가 결정되

---

121) 11단계 이상에서 더 이상 물러나지 않는 단계와 1단계에도 들어가지 않아서 인과를 믿지 않는 중간에 있는 사람이 발심하여 무상보리를 구하려고 하지만 마음이 아직 완전하게 굳어지지 않아서 어떤 때는 나아가고 어떤 때는 물러서는 십신의 단계다.

지 아니하여 어떤 때는 나아가고 어떤 때는 물러난다. 또 여러 부처에게 공양함으로써 아직 때가 되지 않았음에도 불구하고 중도에 좋은 인연을 만나서 발심하기도 한다.

여기서는 부처의 외적인 모양과 형태를 보고 깨닫고자 하는 마음을 일으키고 혹은 여러 스님에게 공양하는 것으로써 깨달음의 마음을 일으키기도 한다. 혹은 성문과 연각의 가르침을 통해서 발심하기도 하고 다른 사람에게 배워서 마음을 일으키기도 한다.

이와 같은 발심들은 모두 확고하지가 않아서 언제든지 나쁜 인연을 만나면 퇴보해서 성문·연각의 지위에 떨어지기도 한다.

(2) 수행형태

復次信成就發心者 發何等心 略說有三種 云何爲三 一者直心 正念眞如法故 二者深心 樂集一切諸善行故 三者大悲心 欲拔一切衆生苦故 問日 上說法界一相 佛體無二 何故不唯念眞如 復假求學諸善之行 答日 譬如大摩尼寶 體性明淨 而有鑛穢之垢 若人雖念寶性 不以方便種種磨治 終無得淨 如是衆生眞如之法體性空淨 而有無量煩惱染垢 若人雖念眞如 不以方便種種熏修 亦無得淨 以垢無量徧一切法故 修一

---

122) 수행이 뛰어난 자는 11단계로 진입하고 생사를 두려워하고 중생에 대한 자비심이 떨어지는 자는 대승의 상구보리 하화중생 자리이타 사홍서원 등을 버리고 소승도를 수행하려 한다.

切善行以爲對治 若人修行一切善法 自然歸順眞如法故 略說方便有四種 云何爲四 一者行根本方便 謂觀一切法自性無生 離於妄見 不住生死 觀一切法因緣和合 業果不失 起於大悲 修諸福德 攝化衆生 不住涅槃 以隨順法性無住故 二者能止方便 謂慚愧悔過 能止一切惡法不令增長 以隨順法性離諸過故 三者發起善根增長方便 謂勤供養禮拜三寶 讚歎隨喜 勸請諸佛 以愛敬三寶淳厚心故 信得增長 乃能志求無上之道 又因佛法僧力所護故 能消業障善根不退 以隨順法性離癡障故 四者大願平等方便 所謂發願盡於未來 化度一切衆生使無有餘皆令究竟無餘涅槃 以隨順法性無斷絶故 法性廣大 徧一切衆生 平等無二 不念彼此 究竟寂滅故

믿음을 성취하는 발심수행의 형태에는 세 종류가 있다. 첫째는 진여법을 올바로 생각하고 극단으로 치우침이 없는 곧은 마음이다.[123]

둘째는 일체의 모든 선행을 즐겨하는 사려 깊은 마음이다. 셋째는 모든 중생의 고통을 덜어주고자 하는 대비심이다.

그런데 앞에서 일체 우주 현상은 하나의 진여이고 깨달음의 본체는 우주 현상과 별개의 것이 아니라 본질과 현상은 서로 상대적인 두 모습이라고 했는데 어째서 오직 진여만 생각하면 되지 다시 모든 선행을 배우려고 하는 것인가?

---

123) 자리행과 이타행의 근본이다.

비유컨대 큰 마니보가 본질은 맑고 깨끗한 것이지만 거친 광석의 때를 가지고 있다고 가정하면 사람이 마니보의 깨끗한 본질을 생각한다고 하더라도 여러 가지 도구를 사용해서 갈고 다듬지 않는다면 마니보의 깨끗한 모습을 실제로 얻지 못하는 경우와 같다.

이와 같이 중생이 본래 가지고 있는 진여도 그 본체는 깨끗하지만 엄청난 번뇌의 더러운 때가 끼어 있다. 그렇기 때문에 비록 자기 안에 진여가 있다는 사실을 생각하더라도 수행을 통해서 닦고 익히지 않으면 실제로 깨끗해 질 수가 없다.

왜냐하면 때가 끝이 없어서 모든 현상에 오염되어 있기 때문에 모든 선행을 닦아서 고치고 바로잡는 것이다. 만약 사람이 모든 선행을 수행하면 저절로 본래 성품인 진여로 돌아가기 때문이다.

모든 선행을 수행하는 방법에는 대략 네 종류가 있다.

첫째는 모든 현상은 본질적으로 없던 것이 새롭게 생겨난 것이 아니라는 사실을 깨달아서 현상이 생멸한다는 그릇된 생각을 버림으로써 생사에 안주하지 않는 것이다.

모든 정신적·물질적 현상은 원인과 조건이 합해져서 악한 행위로 말미암아 고통하는 것을 보고 대비심을 일으켜서 복과 덕을 닦아서 중생을 거두어 가르치고 변화시키면서 열반에 안주하지 않는다. 이는 우주 만물에 내재된 본질과 또 그 본질이 환경과 조건에 따라서 다양한 모양으로 드러나는 현상의 관계처럼 생사윤회하는 현실에도 집착하지 않고 그렇다고 열반에도 집착하지 않는 것이다.

둘째는 아직 행하지는 않았지만 마음 속으로 가지고 있는 악은 부끄러워하고 이미 행한 악은 그 허물을 후회함으로써 모든 악을 중지하여 더 이상 자라나지 않게 하는 것이다. 왜냐하면 진여의 본 성품을 따라서 모든 허물을 버리는 수행을 하기 때문이다.

세 번째는 이미 일으킨 선행은 닦아서 더욱 자라나게 하고 아직 일으키지 않은 선행은 일으켜서 자라날 수 있도록 수행하는 것이다. 이는 불법승 삼보에 부지런히 공양하고 예배하며 찬탄하고 함께 기뻐하며 모든 부처님께 가르침을 청하는 것을 말한다. 왜냐하면 삼보를 사랑하면서도 공경하는 순수하고 너그러운 마음 때문이다. 삼보를 믿는 마음이 더욱 자라나야 더없이 높은 도를 구하는 데 뜻을 두게 된다.

또 불법승의 위신력으로 보호받기 때문에 악업의 장애를 소멸하고 선근에서 물러나지 않게 되어 자기 내면에 이미 존재하는 깨달음의 성품을 따라서 어리석음의 장애를 버리기 때문이다.

네 번째는 미래가 다하도록 모든 중생을 가르치고 변화시켜서 구제함으로써 하나도 남김없이 모두가 번뇌와 욕망이 완전히 끊어진 궁극적인 깨달음을 얻도록 하겠다는 원을 세우는 것이다. 왜냐하면 진여의 본성품을 따라서 중단하지 않고 계속해서 익히기 때문이다.

광대한 진여의 성품은 모든 중생에게 본질적으로 동일한 모습으로 내재하기 때문에 진여는 서로 다른 별개가 아니다. 따라서 상대방과 자신을 그릇된 생각으로 분별하고 차별하지 않음으로써 마침내 번뇌가 사라진 고요한 경지에 이르게 하기 때문이다.

(3)발심의 공덕

菩薩發是心故 則得少分見於法身 以見法身故 隨其願力能現八種利益衆生 所謂從兜率天退 入胎 住胎 出胎 出家 成道 轉法輪 入於涅槃 然是菩薩未名法身 以其過去無量世來有漏之業未能決斷 隨其所生與微苦相應 亦非業繫 以有大願自在力故 如脩多羅中 或說有退墮惡趣者非其實退 但爲初學菩薩未入正位而懈怠者恐怖 令彼勇猛故 又是菩薩一發心後 遠離怯弱 畢竟不畏墮二乘地 若聞無量無邊阿僧祇劫 勤苦難行乃得涅槃 亦不怯弱 以信知一切法從本已來自涅槃故

보살이 자신의 수행을 통해서 모든 중생을 이익되게 하겠다는 마음을 일으켰기 때문에 부분적으로나마 여래의 몸을 보게 된다. 보살은 또 중생을 제도하고자 하는 원력에 따라서 다음의 여덟 가지로 드러나는 몸을 통해서 중생을 이익되게 한다.

즉, 부처님이 도솔천으로부터 내려와서 모태에 들어가고 모

태에 머물고 모태에서 나와서 출가하여 성도하고 법륜을 굴리며 열반에 드는 것을 말한다.[124]

그러나 이 보살을 아직 '법신보살'이라 칭하지는 않는다. 이유는 무한한 과거로부터 번뇌망상에 오염된 업을 끊어버리지 못하고 거기서 생겨나는 미세한 고통이 있기 때문이다. 그렇다고 해서 그것이 중생의 업보처럼 속박된 것은 아니다. 왜냐하면 중생제도라고 하는 크나큰 원력으로 인해서 자재한 힘을 가졌기 때문이다.[125]

그런데 경 가운데서 혹시 이 단계에 있는 보살이 수행에서 물러나 범부의 악도에 떨어진다고 말하는 경우가 있다. 그러나 그것은 이 단계의 보살이 실제로 수행에서 퇴보한다는 뜻이 아니다. 단지 처음으로 대승의 가르침을 배우는 보살이 이 단계의 보살지위에도 도달하지 못한 상태에서[126] 게으름을 피우는 것을 경계하기 위해서 공포심을 불러일으키고 용맹하게 정진하도록 하려는 의도일 뿐이다.

이 단계에 있는 보살은 일단 수행하고자 하는 마음을 일으키고 나면 두려워하거나 약한 마음을 완전히 버리고 성문·연각

---

124) 팔상성도를 말한다.
125) 이 보살은 중생을 남김없이 교화하겠다는 대원력 때문에 일부러 번뇌의 혹을 남겨 둔 채 업을 따르는 과보를 받으면서 과거세의 업을 결연히 끊지 않는다. 그 때문에 생겨난 미세한 피로움이 있는 것이다.
126) 보살수행에서 11단계. 인식의 대상이 실상이 아니라 허상임을 아는 단계.

에 떨어지는 것도 두려워하지 않는다.

또 끝없이 무한한 세월 동안 어려운 수행을 부지런히 애써 닦아야만 깨달음을 얻는다는 말을 듣더라도 겁내거나 좌절하지 않는다. 왜냐하면 모든 정신적·물질적 현상이 본래부터 깨달음의 상태에 있다는 사실을 알기 때문이다.

2. 이해와 실천단계에서 발심

解行發心者 當知轉勝 以是菩薩從初正信已來 於第一阿僧祇劫將欲滿故 於眞如法中 深解現前 所修離相 以知法性體無慳貪故 隨順修行檀波羅密 以知法性無染 離五欲過故 隨順修行尸波羅密 以知法性無苦 離瞋惱故 隨順修行羼提波羅密 以知法性無身心相 離懈怠故 隨順修行毗黎耶波羅密 以知法性常定 體無亂故 隨順修行禪波羅密 以知法性體明 離無明故 隨順修行般若波羅密

이 단계에서의 발심은 앞의 단계에 비해서 더욱 뛰어난 것이다. 왜냐하면 이 단계에 있는 보살은 깨달음을 위한 보살수행의 첫 단계부터 30단계를 거쳐서 40단계를 완성하고, 41단계에 이르려고 하는 단계이기 때문이다.

이 단계에 있는 보살은 자기 앞에 분명하게 드러나는 진여의 모습을 알고 이해하기 때문에 진여의 이치를 따라서 인식대상에 대한 집착이 없는 수행을 하게 된다.

그래서 진여는 본질적으로 인색하거나 욕심이 없다는 사실을 알기 때문에 그 순리를 따라서 보시바라밀을 수행하며 또 진여는 오염되어 더럽혀지지 않기 때문에 오욕의[127] 허물이 없음을 알고 그 순리를 따라서 지계바라밀을 수행한다. 진여는 고통이 없어서 성내고 괴로워함을 버렸기 때문에 그 순리를 따라서 인욕바라밀을 수행한다.

진여는 또한 몸과 마음의 모양이 없으므로 게으름이 없다는 사실을 알기 때문에 그 순리를 따라서 정진바라밀을 수행한다. 진여는 항상 안정하고 고요하게 있어서 그 본체에 어지러움이 없는 줄 알기 때문에 그 순리를 따라서 선정바라밀을 수행한다.

진여는 본체가 밝아서 무명을 버린 줄 알기 때문에 그 순리를 따라서 반야바라밀을 수행한다.[128] 여기서는 진여의 본질을 따라서 수행하긴 했지만 진여의 이치를 직접 깨달은 것이 아니라 추리해서 관찰한 것이다.

설명

믿음의 단계에서 발심한 범부와 성문·연각은 모든 현상을 오직 깨끗하고 더럽고 좋고 싫은 차별적인 것으로 본다. 그래서

---

127) 재욕, 색욕, 음식욕, 명예욕, 수면욕.
128) 여기서는 진여의 본질을 따라서 수행하긴 했지만 진여의 이치를 직접 깨달은 것이 아니라 추리해서 관찰한 것이다.

세속과 열반을 차별하고 열반이 세속과는 다른 어떤 곳에 존재한다고 믿는다. 왜냐하면 그들은 현상의 드러난 겉모습만 보고 본질을 보지 못한 채 이름과 모양에 이끌리기 때문이다.

그러나 현상의 본질을 이해한 단계에서 발심한 보살은 겉으로 드러난 현상의 모양을 통해서 현상의 본질을 본다. 그러므로 보살은 모든 다양한 갖가지 차별적인 현상들이 본질적으로는 동일하고 평등하다는 것을 안다. 그래서 겉으로 드러나는 현상의 차이를 극복하고 현상의 본질을 따라 평등성을 수행한다는 것이다.

예를 들면 범부는 사람의 겉모양이나 지위, 학력, 부의 차이를 보고 사람 자체를 차별하지만 보살은 그 사람의 내면의 인격과 진실성을 보고 마음의 본바탕을 본다. 또 범부나 성문·연각은 삶과 죽음을 이원적으로 보기 때문에 삶에 집착하고 죽음을 싫어하지만 보살은 삶과 죽음을 하나로 받아들인다.

3. 깨달음의 단계에서 발심

證發心者 從淨心地 乃至菩薩究竟地 證何境界 所謂眞如 以依轉識 說爲境界 而此證者無有境界 唯眞如智 名爲法身 是菩薩於一念頃 能至十方無餘世界 供養諸佛 請轉法輪 唯爲開導利益衆生 不依文字 或示超地速成正覺 以爲怯弱衆生故 或說我於無量阿僧祇劫當成佛道 以爲

懈慢衆生故 能示如是無數方便 不可思議 而實菩薩種性根等 發心則
等 所證亦等 無有超過之法 以一切菩薩皆經三阿僧祇劫故 但隨衆生
世界不同 所見所聞根欲性異 故示所行亦有差別 又是菩薩發心相者
有三種心微細之相 云何爲三 一者眞心 無分別故 二者方便心 自然徧
行利益衆生故 三者業識心 微細起滅故

보살수행에서 41~50단계 경지의 발심이다. 여기서 깨닫는 것은 모든 현상의 본질인 진여다. 우리는 보통 인식주관과 인식 대상이라는 말을 사용해서 표현하지만 이 단계에 있는 보살은 인식의 주관과 객관을 떠났기 때문에 사실은 깨달을 대상이 없다. 인식의 주관과 객관이 마음에서 사라졌기 때문에 더 이상 깨달음의 대상이 없는 바로 그 상태를 진여의 지혜[智]라고 하고 법신이라고 한다.[129]

이러한 경지에 있는 보살은 한 찰나의 생각 동안에 온 우주 끝까지 도달할 수 있다. 그는 모든 깨달은 자들을 받들어 모시고 그들의 가르침을 열심히 구한다. 또 중생을 가르치고 인도하여 이익을 주지만 그가 사용하는 말이나 문자는 진여의 수준에서 나오는 것이기 때문에 어디까지나 중생의 이익을 위한 수단

---

129) 깨닫기 이전부터 원래 자기 안에 있었던 깨달음, 즉 본각(本覺)을 수행을 통해서 깨달은 것이 진여이기 때문에 진여와 본각은 같은 것이다. 원래 있었던 깨달음과 수행에서 깨달은 것이 동일하고 평등하기 때문에 진여라고 부른다. 주관과 객관의 상대성을 버리고 하나가 된 상태다.

으로 삼는 것뿐이다.

보살은 단계적으로 점차 발전하는 수행과정을 단박에 뛰어넘어서 곧바로 정각을 이루는 모습을 보여주기도 한다. 그것은 깨달음의 길이 너무나 요원하고 긴 세월의 고행이라는 사실에 겁을 먹는 나약한 중생을 위해서이다. 혹은 무수하고 영원한 세월을 수행해야만 깨달음을 성취할 수 있다고 말하기도 하는데 이는 깨달음을 너무 쉽고 가볍게 여기는 중생들이 게으르고 교만을 피우기 때문이다.

이와 같이 중생의 수준에 맞추어서 각자 깨달음으로 나아갈 수 있도록 하기 위해서 보살은 수없이 다양한 수단과 방편을 보여준다. 그러나 실제로는 이 단계에 있는 보살들은 본질적으로 동일한 능력을 가지고 있다.[130]

왜냐하면 다같이 진여를 깨달은 수준에서 발심했기 때문에 발심의 수준이 같고 깨달음의 세계도 똑같은 진여이기 때문이다. 진여의 본질은 절대평등하기 때문에 이 수준을 초월해서 깨달아야 할 그 무엇은 없다. 때문에 장구한 세월이 걸려서 깨달음에 이른 보살이나 단박에 깨달은 보살이나 모두 같은 경지다. 다만 중생의 수준이 다르고 중생이 거주하는 육도의 세계가 동

---

130) 깨달음에 이르게 하는 5가지 뛰어난 능력: 부처의 가르침을 믿는 능력, 힘써 수행하는 능력, 부처님의 가르침을 명심하여 마음을 챙기는 능력, 마음을 한곳에 모아 흐트러지지 않게 하는 능력, 부처님의 가르침을 꿰뚫어 보는 통찰력.

일하지 않기 때문에 각기 근기와 욕망과 성품이 달라서 보고 듣는 것이 제각기 다르기 때문에 다르게 보여주는 것뿐이다.

그러므로 보살은 다같이 똑같은 진여를 깨달았고 얻었지만 그들이 이익을 주고자 하는 중생이 처한 조건과 상황에 따라서 서로 다른 방식과 모양으로 나타나 도움을 주고 이익을 주는 것이다. 그래서 중생들의 눈에 보살의 수준과 모양이 다르게 나타나고 다르게 보여주는 것뿐이다.

이 단계의 보살이 일으키는 마음의 형태에는 3 가지가 있다.

첫째는 분별이 없는 진실된 마음이다.[131]

둘째는 의식적인 노력이 없이도 중생을 이익되게 하기 위해서 자연스럽게 상황과 조건에 맞추어서 일어나는 지혜의 마음이다.[132]

셋째는 아직 완전한 깨달음에는 이르지 못했기 때문에 아뢰야식이 완전하게 고요한 것이 아니라서 무의식의 상태에서 아주 미세하게 생멸하는 마음이 있다.

---

131) 인식의 주관과 객관이 사라졌기 때문에 '나'와 '너'를 차별하지 않는 무분별의 지혜가 드러나는 마음이다.
132) 중생의 수준과 상황에 맞추어서 거기에 맞는 다양한 수단과 방법으로 드러낼 수 있는 지혜로서 수행을 통해서 얻어진 깨달음의 지혜(後得智)를 말한다.

설명

흔히 중생은 자기의 이익과 소원 성취를 위해서 기도한다. 그런데 원하지 않는 결과를 얻게 되면 고통하고 불행해하면서 불보살을 원망한다.

그러나 위에서 설명했듯이 불보살은 인위적으로 누구에게는 복을 주고 누구에게는 불행을 주지 않는다. 불보살은 모든 생명체들을 골고루 이익되게 빛을 발하는 태양처럼 중생을 평등하게 돌보지만 중생이 각기 행동하고 느끼고 생각하는 것이 달라서 빛을 더 받거나 덜 받고 스스로 어둠을 만드는 것이다.

4. 보살수행의 완성

又是菩薩功德成滿 於色究竟處示一切世間最高大身 謂以一念相應慧 無明頓盡 名一切種智 自然而有不思議業 能現十方利益衆生
　問曰 虛空無邊故 世界無邊 世界無邊故 衆生無邊 衆生無邊故 心行差別亦復無邊 如是境界 不可分齊 難知難解 若無明斷無有心想 云何能了名一切種智 答曰 一切境界 本來一心 離於想念 以衆生妄見境界 故心有分齊 以妄起想念 不稱法性 故不能決了 諸佛如來離於見想 無所不徧 心眞實故 卽是諸法之性 自體顯照一切妄法 有大智用無量方便 隨諸衆生所應得解 皆能開示種種法義 是故得名一切種智 又問曰 若諸佛有自然業能現一切處利益衆生者 一切衆生 若見其身 若覩神變

若聞其說 無不得利 云何世間多不能見 答曰 諸佛如來法身平等 徧一切處 無有作意故 而說自然 但依衆生心現 衆生心者 猶如於鏡 鏡若有垢 色像不現 如是衆生心若有垢 法身不現故

여기서는 보살수행으로서의 수행 과정인 50단계를 완성하고 나서 주객을 벗어난 마음이 고요하고 고요해서 우주 만물이 다 비추어지는 경지다. 온 우주와 하나가 됨으로써 세상에서 가장 높고 큰 몸이 되었다.[133] 그래서 수행을 통해서 얻어진 깨달음과 본래부터 우리 안에 내재되어 있는 깨달음과 서로 일치함으로써[134] 근본무명이 단번에 사라졌다. 이것을 일체 종지라고 하는데 우주 만물의 개개의 특징과 차이점을 정확하게 모두 아는 지혜라는 의미다. 그렇기 때문에 온갖 다양한 모습과 수준으로 존재하는 무수한 중생들을 각각의 수준에 맞추어서 그들을 깨달음으로 인도하고 이익되게 할 수 있는 것이다.[135]

질문하기를, 끝이 없는 허공 속에는 끝이 없는 세계가 있고 또 그 세계 속에는 끝없는 중생이 있다. 또 그 무수한 중생마다 무수한 마음작용도 역시 끝이 없다. 그와 같이 한계를 모르는 끝도 없는 인식의 대상을 이해한다는 것은 불가능하다.

---

133) 깨달음을 완성하고 스스로 온 우주를 받아들여서 우주와 한몸이 되었다는 의미로 자수용신(自受用身)이라고 한다.
134) 시각이 일심의 근원에 이르러 본각과 일치했다는 의미다.
135) 깨달음을 완성하고 중생들의 근기에 맞추어서 그들 각각을 받아들이고 가르치고 이익되게 한다는 의미로 타수용신(他受容身)이라고 한다.

만일 무명이 없어지면 주객을 분별하는 인식주관이 사라지고 따라서 인식대상인 심상, 즉 허상도 동시에 사라지고 없어 질 것이다. 그렇다면 알아야 할 인식대상인 심상이 없는데 어떻게 무수한 중생들의 인식작용과 심상을 아는 일체 종지가 있다는 말인가?

모든 인식대상은 원래 주객을 초월한 한마음에서 나왔다. 그런데 중생들이 주객을 분리해서 이원적으로 보기 때문에 보는 데 한계가 생기게 된 것이다. 왜냐하면 주객을 분별함으로써 그릇된 관념과 심상, 즉 허상을 일으켜서 진여의 본질과 일치하지 않게 되어 끝까지 제대로 알지 못하게 된 것이다.

그러나 모든 부처님과 여래는 그릇된 인식주관과 인식대상을 떠났기 때문에 그 한계가 없어져서 모든 현상을 두루 비추게 된 것이다. 이와 같이 주객을 분리하지 않는 것이 바로 진실한 본래 마음이고 진리의 본질인 것이다. 이 한마음의 본체는 모든 그릇된 심상과 허상들을 환하게 비추는 대지혜의 작용이 있기 때문에 무수한 방법과 수단으로 모든 중생들이 자신의 수준에 따라서 이해할 수 있도록 다양한 현상들을 보여준다. 그런 의미에서 일체 종지라고 부르는 것이다.

만약 모든 부처님들이 의식적인 노력 없이 자연적으로 중생의 수준과 상황에 따라서 모든 곳에 나타나서 중생들을 이익되게 한다면 모든 중생들이 부처님의 몸을 봐야 되고 또 신비한 변화를 보거나 그 말씀을 들어서 모두에게 이익이 있어야 될 텐데 어째서 세상에는 부처님을 보지 못하고 그 말씀을 듣지 못하는 중생들이 많은가?

모든 부처님과 여래의 법신은 평등하여 모든 곳에 골고루 비추지만 의식적이거나 인위적인 노력이 없기 때문에 자연이라 말하는 것이다. 다만 중생들의 마음에 의해서 보이기도 하고 보이지 않기도 하는 것이다. 중생의 마음은 마치 거울과 같아서 거울에 때가 끼면 형태가 드러나지 않는 것처럼 중생의 마음에도 때가 끼어서 법신이 보이지 않게 되는 것이다.[136]

---

136) 법신은 거울의 본바탕과 같고 화신은 거울에 비친 영상과 같은 것이라서 중생의 마음에 때가 있으면 법신의 영상인 화신이 나타나지 않는다는 의미다. 섭대승론에서는 중생의 마음 깊숙이에 허물이 있기 때문에 부처님이 보이지 않는 현상을 깨진 물그릇에 비치는 달의 모습에 비유했다. 모든 부처님이 세상에 나타나지 않는데도 사람들이 서로 말하기를 모든 부처님의 몸이 현실 속에 항상 머물러 있다고 하니 어찌된 것인가? 비유하기를 깨진 그릇 속에는 물이 담길 수 없기 때문에 실제로 달이 있어도 나타날 수가 없는 것이다. 마찬가지로 중생도 마음이 고요하게 머물지 못하고 탐진치와 악견, 아만 등의 허물로 가득하기 때문에 실제로 모든 부처님이 존재하지만 중생의 마음 속에 드러나지 못하고 있는 것이다.

● 7장

믿음과 실천수행

7장 믿음과 실천수행

已說解釋分 次說修行信心分 是中依未入正衆生 故說修行信心 何等信心 云何修行

여기서는 아직 깨달음을 얻고자 하는 마음이 확고하게 굳어지지 않아서 수행을 포기하고 뒤로 물러날 수 있는 사람들을 위해서 네 가지 믿음과 다섯 가지 실천행을 소개한다. 그리하여 믿음을 닦고 실천 수행함으로써 깨달음을 향한 길에서 물러나지 않고 앞으로 나아가도록 하기 위해서다. 어떤 종류의 믿음과 수행이 있는가.

I. 4가지 믿음

略說信心有四種 云何爲四

간단히 설명하면 믿음에는 네 종류가 있다.

1. 진여에 대한 믿음

一者信根本 所謂樂念眞如法故

첫째는 만물의 근본인 진여를 믿고 늘 즐겨 생각하는 것이다.[137]

설명

여기서는 일체 만물의 공통점을 생각하는 것이다. 그렇게 함으로써 일체 만물이 절대 평등하다는 사실을 생각하고 받아들이는 것이 중요하다. 또 인간을 포함해서 만물의 본 바탕은 선하고 깨끗하고 완전하다는 것을 믿고 사색하는 것이 중요하다.

그런 가운데 일체 만물에 내재된 보편성과 특수성에 대한 이해가 필요하다. 즉 일체 중생은 본질적으로 절대평등한 성품을 가지고 있지만 상황과 조건에 따라서 드러나는 모양이 천차만별이라는 사실을 이해하는 것이다.

더러는 보편성과 특수성을 혼동하는 사람들이 있다. 그래서 특수성을 특수성으로 인식하지 못하고 중생은 무조건 다 똑같

---

[137] 보살수행의 1~10단계 과정에 해당한다고 볼 수 있을 것이다. 그런데 10단계를 성취하고 믿음이 확고해진 11단계는 앞에서 곧은 마음으로 올바른 생각을 하는 단계, 즉 직심정념(直心正念)이라고 했지만 여기서는 아직 대승에 대한 올바른 신심을 일으키지 못했으므로 올바르게 생각한다는 말 대신에 즐겨 생각한다고 한 것이다.

다고 믿는다. 이를테면 특정분야에서 보여주는 능력은 제각기 다르기 때문에 그 차이에 맞게 보수가 달리 지급되는 것은 정당하다.

다만 능력의 차이를 인격의 차이나 본질적 차이로 인식해서 무시하거나 존중하지 않고 차별하면 안 된다는 것이다. 인격은 누구나 동등한 절대평등의 보편성에 해당하는 것이고 능력이나 소질은 사람마다 타고나는 것이 다르고 환경과 조건에 따라서 다르기 때문에 보편성에 해당한다.

여기서는 같은 종이라도 향을 싼 종이에서는 향냄새가 나고 생선을 싼 종이에서는 비린내가 나는 이치를 활용하는 것이다. 즉 진여를 늘 생각하고 사색하면 바로 진여의 향기가 스며들고 배어나오기 때문이다.

2. 부처님의 공덕에 대한 믿음

二者信佛有無量功德 常念親近供養恭敬 發起善根 願求一切智故

둘째는 부처님에게 한량없는 공덕이 있다고 믿고 항상 부처님을 가까이 하고 공양하고 공경한다. 그렇게 함으로써 자기 내면에 있는 선한 뿌리가 싹을 내어 자라게 하고 모든 우주현상에 공통적으로 존재하는 본질적 측면을 아는 보편적 지혜를 얻고자 노력하는 것이다.

설명

처음에는 석가모니 부처님의 공덕을 믿고 공경하는 것으로 출발한다. 부처님의 가르침을 공경하고 따르는 것은 우리 내면에 있는 선의 씨앗에 물을 주어 자라게 하고 불선의 씨앗은 말려서 자라지 못하도록 하는 작용을 한다.

그리하여 선의 씨앗이 점차 자라서 싹트게 되면 진리를 보는 안목도 함께 자란다. 따라서 모든 중생의 마음속에도 부처님과 같은 모습이 있음을 알게 되어 그들을 차별없이 존중하고 공경하게 된다.

3. 부처님의 가르침에 대한 믿음

三者信法有大利益 常念修行諸波羅密故

셋째는 부처님의 가르침에는 삶에 필요한 커다란 현실적 이익이 있다는 사실을 믿고 깨달음의 저 언덕으로 건너가는 데 필요한 모든 수행방법을 실천할 것을 늘 생각한다.

설명

처음 단계에서는 부처님의 가르침을 믿고 따르면 자신의 삶이 성장하고 변화하고 발전한다는 사실을 믿고 실제로 수행하고 생활 속에서 실천한다.

그리고 수행이 점차 깊어지면 부처님뿐만이 아니라 일상 속에서 만나는 모든 중생들과 일체의 현상들이 모두 자신의 성장과 발전을 위해서 필요한 인연임을 믿고 자신의 무지를 깨닫는 수단으로 받아들인다.

4. 수행자에 대한 믿음

四者信僧能正修行自利利他 常樂親近諸菩薩衆 求學如實行故

넷째는 스님들은 자신과 타인을 이롭게 하기 위해서 올바른 수행을 하고 있다는 사실을 믿는 것이다. 그러므로 항상 수행자들을 즐겁고 친절하게 가까이 대하면서 그 속에서 올바른 수행을 배우려고 노력한다.

설명

간혹 수행하는 스님들에게서 단점을 보고 수행도 시작하기 전에 신심이 떨어지는 사람들이 있다. 거기에는 두 가지 오류가 있다. 하나는 자기 눈에 장점이 보이지 않는다고 해서 다른 사람들 눈에도 장점이 보이지 않는 것은 아니다. 또 다른 오류는 일체 중생은 반드시 선의 뿌리를 가지고 있으며 그것은 어떤 형태로든 드러나게 되어 있다.

그리고 우리 각자는 자기에게 도움이 되지 않는 단점보다는 자기에게 도움이 되는 장점을 찾고 구하면서 살아가는 마음가짐을 가져야 한다.

생명의 존재본질은 자라고 성장하는 데 있다. 또 일체 만물은 제각기 서로의 성장과 변화에 도움을 주면서 살아가게 되어 있다. 이 세상에 필요없는 존재는 하나도 없다. 더욱이 수행하는 사람들은 마음 공부에 유익한 더 많은 자양분을 가지고 있다.

왜냐하면 어떤 이유에서든 그들은 수행하고자 하는 마음을 낸 사람들이기 때문이다. 우리는 그것을 믿고 항상 장점을 발견하고 좋은 점을 찾아서 배워야 한다.

II. 5가지 실천수행

修行有五門 能成此信

云何爲五 一者施門 二者戒門 三者忍門 四者進門 五者止觀門

믿음이 있어도 실제로 그 믿음을 실천하는 수행이 없으면 믿음이 제대로 성숙하게 자라지 못한다.

그래서 수행하는 것을 포기하고 쉽게 물러날 수가 있다. 따라서 다음에는 앞에서 제시된 4가지 믿음을 올바르게 성취할 수 있도록 보시·지계·인욕·정진·지관의 5가지 수행방법을 제시한다.

1. 보시

云何修行施門 若見一切來求索者 所有財物隨力施與 以自捨慳貪 令彼歡喜 若見危難恐怖危逼 隨己堪任 施與無畏 若有衆生來求法者 隨己能解 方便爲說 不應貪求名利恭敬 唯念自利利他 迴向菩提故

너그러움을 베푸는 보시는 다음과 같이 한다. 만약 중생들이 찾아와서 청하거나 구하는 것을 보면 가지고 있는 재물을 힘닿는 대로 베풀어줌으로써 스스로 집착하고 탐내는 마음을 버린다. 그리하여 중생을 기쁘게 한다.

만약 재앙이나 공포, 위태로움, 핍박을 받는 사람을 보면 각기 상황에 맞게 두려움이 없어지도록 해 준다. 만약 중생이 와서 가르침을 구하는 이가 있으면 이런 저런 방법과 수단으로 아는 만큼 설명해 주되 명예나 이익, 공경을 탐내서는 안 되며 오직 서로 깨달음으로 나아가려는 마음으로 한다.

2. 지계

云何修行戒門 所謂不殺不盜不淫 不兩舌不惡口不妄言不綺語 遠離貪

嫉欺詐諂曲瞋恚邪見 若出家者 爲折伏煩惱故 亦應遠離憒鬧 常處寂靜 修習少欲知足頭陀等行 乃至小罪 心生怖畏 慚愧改悔 不得輕於如來所制禁戒 當護譏嫌 不令衆生妄起過罪故

계율을 지키는 수행이다. 살아있는 생명을 죽이지 않고, 남의 물건을 탐내거나 훔치지 않고, 음행하지 않으며, 이중적으로 말하지 않고, 악한 말을 하지 않고, 거짓말하지 않고, 교묘하게 꾸며서 말하지 않고, 탐욕, 질투, 속임, 아첨, 분노, 그릇된 견해를 멀리 버리는 것이다.

만약 출가한 자라면 번뇌를 꺾고 통제하기 위해서 시끄러운 곳을 떠나서 항상 고요한 장소에서 욕심을 적게 내고, 작은 것에도 만족할 줄 알며, 의식주에 대한 탐욕을 버리고 수행하며, 작은 죄라도 마음에 두려움을 내어 부끄러워하고 회개하여야 한다. 또 여래가 만든 계율을 가벼이 여기지 아니하고 다른 사람의 원망과 혐오를 사지 않도록 함으로써 중생으로 하여금 출가자를 비난하는 그릇된 허물을 짓지 않도록 해야 한다.

3. 인욕

云何修行忍門 所謂應忍他人之惱 心不懷報 亦當忍於利衰毀譽稱譏苦樂等法故

남이 괴롭혀도 참고 보복할 생각을 내지 않고, 이익, 손해, 비난과 명예, 칭찬과 원망과 괴로움과 즐거움 등의 8가지 사람의 마음을 흔들어 놓는 것들을 참고 견디는 것이다.

4. 정진

云何修行進門 所謂於諸善事 心不懈退 立志堅强 遠離怯弱 當念過去 久遠已來 虛受一切身心大苦 無有利益 是故應勤修諸功德 自利利他 速離衆苦 復次若人雖修行信心 以從先世來多有重罪惡業障故 爲邪魔諸鬼之所惱亂 或爲世間事務種種牽纏 或爲病苦所惱 有如是等衆多障礙 是故應當勇猛精勤 晝夜六時 禮拜諸佛 誠心懺悔 勸請隨喜 廻向菩提 常不休廢 得免諸障 善根增長故

앞으로 나아가는 수행은 모든 선한 일에 게으름을 내거나 주저함이 없어서 마음먹은 것이 굳세고 강하여 겁이 없고 약하지 않다. 먼 과거세부터 모든 몸과 마음의 큰 고통을 헛되이 받아서 아무런 이익이 없음을 생각한다.

따라서 응당 모든 자리이타의 공덕을 부지런히 닦아서 속히 고통을 떠나고자 한다. 신심을 수행할 때는 전생에서부터 중죄와 악행을 저지른 장애가 많이 있기 때문에 마구니와 여러 귀신에게 괴롭힘을 받거나 어지럽힘을 당하며 혹은 세간의 일로 마음이 이리저리 끌려다니고 얽매이기도 하고 아니면 병으로 인해서 괴로움을 당한다고 생각한다.

그러한 많은 장애들을 극복하기 위해서 부지런히 노력하고 아침 저녁 6시에 모든 부처님께 예배함으로써 모든 장애를 제거하고 악행을 성심으로 참회한다. 또 부처님의 가르침을 비방하는 장애를 막기 위해서 지극한 정성으로 가르침을 청한다.

다른 사람의 뛰어남을 질투하는 장애를 제거하기 위해서 남의 좋은 일을 보고 함께 기뻐한다. 사바세계를 애착하고 집착하는 장애를 막기 위해서 깨달음을 향해 쉬지 않고 나아감으로써 모든 장애를 벗어나서 선의 뿌리를 키운다.

5. 지관

云何修行止觀門 所言止者 謂止一切境界相 隨順奢摩他觀義故 所言觀者 謂分別因緣生滅相 隨順毗鉢舍那觀義故 云何隨順 以此二義漸漸修習 不相捨離 雙現前故

지(止)라고 하는 것은 모든 인식대상에 대한 분별을 멈추고 마음이 한곳에 집중하여 삼매에 드는 것을 의미한다. 관(觀)이라고 하는 것은 인연생멸하는 현상의 모양을 관찰하고 분별하는 위빠사나를 의미한다.

지관은 이 두 가지를 단계적으로 닦고 익혀서 지와 관이 서로 분리되지 않고 함께 일어나도록 한다.[138]

III. 지관수행

1. 멈춤(止)수행

若修止者 住於靜處 端坐正意 不依氣息 不依形色 不依於空 不依地水火風 乃至不依見聞覺知 一切諸想隨念皆除 亦遣除想 以一切法本來無相 念念不生 念念不滅 亦不得隨心外念境界 後以心除心 心若馳散 卽當攝來住於正念 是正念者 當知唯心 無外境界 卽復此心亦無自相 念念不可得 若從坐起 去來進止 有所施作 於一切時 常念方便 隨順觀察 久習淳熟 其心得住 以心住故 漸漸猛利 隨順得入眞如三昧 深伏煩

---

138) 육바라밀 가운데 선정과 반야를 정·혜의 두 문으로 나누어서 말하는데 여기서는 선정인 정을 지, 반야의 혜를 관이라고 말했다. 왜냐하면 수행을 말할 때는 지관이라 하고 수행의 결과나 수행경지를 말할 때는 정혜라고 말하기 때문이다. 여기서는 지와 관을 쌍으로 닦는 수행의 과정을 말한다. 그래서 하나로 묶었다. 삼매는 의미적으로 공(空)에 해당한다. 지(止)를 따라서 관(觀)으로 들어간다는 말은 다음과 같다; 일심으로 생멸하는 인식대상의 모습에 대한 분별망념이 중지하고 나면 분별할 대상이 없는 것을 지(止)라고 한다. 이것은 모든 현상의 본질인 진여의 공성을 체득하여 모든 번뇌가 고요해진 것이다.
이렇게 번뇌가 고요해진 한마음에 나아가서 그 곳에 안주하지 않고 다시 인연으로 생멸하는 모든 모습을 분별하는 것을 관(觀)이라고 한다. 지관이 쌍으로 함께 나타난다는 의미는 눈앞의 일체 현상이 본질적으로 진여의 공임을 깨닫게 되면 모두가 한마음인 진여가 일체의 현상들을 환하게 관조하여 비추게 된다. 이것을 가리켜서 생멸하는 번뇌망상이 멈춤으로써 일체 현상이 있는 그대로 드러난다고 말한다(卽止之觀)-중도관. 즉, 진여문에 의해 모든 현상에 대한 무분별지를 이루고 다시 생멸문에 의하여 모든 상을 분별하여 그 인연의 모습을 관찰하는 것이다.

惱 信心增長 速成不退 唯除疑惑 不信 誹謗 重罪業障 我慢 懈怠 如是 等人所不能入

復次依是三昧故 則知法界一相 謂一切諸佛法身與衆生身平等無二 卽名一行三昧 當知眞如是三昧根本 若人修行 漸漸能生無量三昧

만약 움직이는 마음을 멈추게 하기 위해서 수행을 한다면 고요한 곳에 머물러[139] 단정히 앉아서 의식을 바르게[140] 해야 한다. 호흡을 의지하지 말고,[141] 형태나 모양에 의지하지 말며,[142] 허공을 의지하지 말고, 지수화풍을 의지하지도 말며,[143] 보고 들어서 아는 지식에도[144] 의지하지 않아야 한다.[145] 그리고 일어나는 모든 생각들을 차례로 제거하되, 제거한다는[146] 그 생각마저도 버려야 한다.

마음에서 일어나는 모든 심상들은 본래부터 모양이 없기 때

---

139) 고요한 장소, 깨끗한 행위, 악행에 대한 참회, 의복과 먹을 것, 선지식, 일체의 현실적인 일을 멈춤.
140) 명예와 이익을 구하기 위한 것이 아니라 자리이타를 위해서 수행한다.
141) 수식관을 피하고 안으로 머문다.
142) 예를 들면 백골관 등.
143) 이는 모두 인식대상을 의지해서 하는 것이다.
144) 오감각식과 제6의식의 대상인 색성향미촉법을 말한다.
145) 모든 인식대상을 버림으로써 주객의 인연에 의지하지 않는다는 의미다. 삼매 자체가 주객 분별로 인한 그릇된 생각과 그로 인해서 일어나는 다양한 심상, 허상들을 멈춤으로써 주객이 한마음이 되는 것을 말하기 때문에 인식대상을 설정하는 것 자체가 주객을 떠나는 데 방해가 되기 때문이다. 이는 외부대상이 아니라 마음 안에 본래 존재하는 진여와 하나가 되는 깨달음으로 나아가는 것이기 때문이다.
146) 마음을 고르게 머무르는 등주(等住)다.

문에 생각생각이 생겨나는 것도 아니고 소멸되는 것도 아니다. 또한 마음을 따라서 일어나는 인식대상을 생각하지 않도록 마음을 조절하고[147] 나서는 다시 마음으로 마음을 제거하는 것이다.[148]

마음이 만약 흩어져 나가면 곧바로 흩어진 마음을 다시 거두어 들여서 바른 생각에[149] 머물게 해야 한다.[150] 바른 생각에 머문다는 것은 모든 심상은 오직 생각이 만들어 낸 것일 뿐, 실제로 마음 바깥에 대상이 존재하지 않는다는 사실을 아는 것이다. 심상은 실체가 없는 허상이므로 원래 형태가 없어서 생각으로는 결코 얻을 수가 없는 것이다.

만일 가만히 앉아서 좌선하다가 일어나서 움직이고 오가면서 해야 하는 일이 있으면 상황에 따라서 일을 하되 마음을 관찰하는 일을 중지하지 말아야 한다. 한동안 익혀서 익숙하게 되면 마음이 편안하게 머물게 된다.[151]

마음이 편안하게 안주하면 마음이 점점 예리해져서 진여삼매를[152] 따라서 들어가게 되어, 번뇌를 깊이 다스려서 믿음이 커지

---

147) 조순(調順).
148) 마음이 고요하고 평온한 상태에 머무른다.
149) 정념(正念).
150) 최고로 고요하고 평온한 마음.
151) 더욱 정진하여 효과가 드러난다. 전주일취.
152) 자신의 마음 안에 본래부터 가지고 있는 불성을 주시하는 삼매.

215

고 더 이상 깨달음의 길에서 물러나지 않는 불퇴전의 경지를 얻게 된다.[153]

이와 같은 진여삼매에 의하여 온 우주가 하나라는 사실을 알고 모든 부처의 법신이 중생의 몸과 평등하여 둘이 아님을 안다. 이것을 일행삼매(一行三昧)라고 한다. 진여는 삼매의 근본이므로 진여삼매를 열심히 수행하면 수많은 종류의 삼매로 점점 확산될 수 있다.[154]

2. 수행과정에서 일어나는 장애

或有衆生無善根力 則爲諸魔外道鬼神之所惑亂 若於坐中現形恐怖 或現端正男女等相 當念唯心 境界則滅 終不爲惱

或現天像 菩薩像 亦作如來像 相好具足 或說陀羅尼 或說布施持戒忍辱精進禪定智慧 或說平等空無相無願 無怨無親 無因無果 畢竟空寂 是眞涅槃 或令人知宿命過去之事 亦知未來之事 得他心智 辯才無礙 能令衆生貪著世間名利之事 又令使人數瞋數喜 性無常準 或多慈愛 多睡多病 其心懈怠 或卒起精進 後便休廢 生於不信 多疑多慮 或捨本勝行 更修雜業 若著世事種種牽纏 亦能使人得諸三昧少分相似 皆是外道所得 非眞三昧 或復令人若一日若二日若三日乃至七日住於

---

153) 등지(等持).

定中 得自然香美飲食 身心適悅 不飢不渴 使人愛著 或亦令人食無分
齊 乍多乍少 顏色變異 以是義故 行者常應智慧觀察 勿令此心墮於邪
網 當勤正念 不取不著 則能遠離是諸業障 應知外道所有三昧 皆不離
見愛我慢之心 貪著世間名利恭敬故 眞如三昧者 不住見相 不住得相
乃至出定 亦無懈慢 所有煩惱 漸漸微薄 若諸凡夫不習此三昧法 得入
如來種性 無有是處 以修世間諸禪三昧 多起味著 依於我見 繫屬三界

---

154) 선정을 닦을 때에 마음을 한 군데 머물러 산란치 않게 하는 아홉 가지 지행:1. 일체의 외부 현상으로부터 마음을 거두고 단속하여 안에다 매어 둠으로써 마음이 밖으로 산란하지 않게 하는 것, 즉 내면에 머물게 하는 것. 2. 안으로 머물게 한 마음이 거칠게 움직이기 때문에 아직 일정하게 머무르게 하기 위해서 서로 연결하고 맑고 깨끗하게 하여 부드럽고 일정하게 머물도록 만든다. 3. 내면에 일정하게 머무는 마음을 놓쳐서 밖으로 산란해 진 마음을 다시 거두어 단속해서 안으로 편안하게 머물도록 한다. 4. 이와 같이 반복함으로써 그 마음을 안으로 머물게 하여 마음이 멀리 밖에 머무르지 않고 내면 가까이에 머물도록 한다. 5. 색성향미촉, 탐진치 삼독, 색욕 등이 마음을 흐트러지게 한다. 그러므로 그것들을 근심거리로 생각하고 그 생각하는 힘을 키워서 마음을 꺾어 흐트러지지 않게 하여 조절하고 따르도록 한다. 6. 좋아하는 것을 원하고 분노하고 해롭게 하는 것과 탐욕 등 여러 가지 번뇌가 마음을 요동치게 하기 때문에 이들을 경계해서 그 힘으로 마음을 흐트러지지 않게 하여 고요하고 평온하게 머무르는 것이다. 7. 앞의 고요하고 평온한 마음을 놓쳐서 욕구와 분노와 해치는 마음 등 여러 가지 번뇌가 일어나더라도 거기에 반응하지 않고 반조함으로써 최고의 고요함과 평온에 머무는 것이다. 8. 더욱 힘써 수행하고 수행의 효과로 말미암아 부족함이 없고 삼매가 멈추지 않고 이어져서 머무르는 것이다. 늘 닦고 익힌 인연으로 더욱 힘써 수행하거나 그 수행의 결과도 따로 없어서 자연히 도에 들어가게 됨을 말한다. 이와 같이 삼매를 얻은 사람은 다시 삼매를 의지해서 마음을 일깨워 인식현상으로 향하게 하는 네 가지 마음작용을 거쳐서 위빠사나를 닦고 익힌다. 1. 청정한 행위와 연합된 대상과 선한 방편으로 연합된 대상과 청정한 계율로 연합된 대상에 대하여 일체의 시간적 공간적 존재를 바르게 생각하고 분별한다. -후득지. 2. 분별된 인식대상에 대하여 진여를 지극히 바르게 생각한다. -무분별지. 3. 인식대상에 대해서 바른 지혜를 함께 갖추어 명칭, 뜻, 자성, 차별을 전체적으로 분별하여 형상을 취하는 것이다. 4. 그렇게 해서 취한 인식대상을 자세히 더욱 세밀하게 찾아서 조사하는 것이다.

與外道共 若離善知識所護 則起外道見故

만일 중생이 선근의 힘이 없으면 마음공부를 방해하는 마구니와 외도와 귀신들에 의하여 어지럽힘을 받고 사도에 떨어지게 된다. 좌선을 하고 있는 도중에도 어떤 형체를 보고 공포를 일으키거나 혹은 단정한 남녀 등의 모습을 보고 애욕에 사로잡히기도 한다. 그러한 경우에는 그 모든 것이 오직 마음이 만들어낸 것이라는 사실을 명심해야 한다.

때로는 천상의 보살이나 여래의 형상을 하기 때문에 아주 잘 생기고 원만한 모습으로 나타나서 다라니를 설하기도 하고, 보시·지계·인욕·정진·선정·지혜를 설하기도 하고, 혹은 평등하고 공하며 무상하고, 바라는 것이 없고, 원한이 없으며, 친함이 없고, 원인도 없고 결과도 없어서, 궁극에는 비어있고 적막한 것이 참된 열반이라고 설하기도 한다.

혹은 숙명통으로 과거와 미래의 일을 알고 다른 사람의 마음을 꿰뚫어 보는 능력을 얻기도 하고 말에 막힘이 없는 능력으로 중생들로 하여금 세간의 명예나 이익되는 일에 탐착하게 만들기도 한다. 또 자주 성내고 자주 기뻐하게 하여 일관성이 없는 변덕스런 성격으로 만들기도 한다.

때로는 지나치게 다정다감하게 만들기도 하고, 때로는 잠이 쏟아지게 만들기도 하고, 때로는 몸이 자주 아파서 마음이 늘어지게 만들기도 하고, 때로는 갑자기 열심히 정진을 하다가 금방

팽개쳐 버리게 만들기도 한다. 이와 같이 하여 사람들에게 불신을 불러 일으켜서 의심하고 염려스럽게 만들기도 한다.

또 본래 하던 훌륭한 행동을 저버리고 다시 쓸데없는 일에 매달리게 하며 세상일에 집착하여 갖가지로 얽매이게 한다. 또 표면적으로 비슷한 삼매를 경험하도록 하지만 그것은 모두 외도들의 삼매일 뿐 참다운 삼매가 아니다. 또 사람들에게 하루, 이틀, 사흘 내지 이레를 정(定)에 머물게 하여, 향기롭고 맛좋은 음식을 먹은 듯이 몸과 마음이 쾌적하고 배고픔도 목마름도 잊어버리는 경험을 하게 해서 사람들로 하여금 그 경험에 애착하게 만든다.

혹은 무절제한 식욕으로 말미암아 안색이 변할 정도로 갑자기 많이 먹거나 갑자기 적게 먹도록 만든다. 그러므로 수행하는 사람은 자신의 수행이 잘못된 방향으로 가고 있는지 항상 지혜로써 관찰하여 마음이 삿된 그물에 떨어지지 않게 해야 한다.

또 올바른 생각을 가지도록 노력함으로써 그릇된 집착을 버려야 한다. 그렇게 하면 위에서 말한 여러 가지 장애를 멀리 벗어날 수 있을 것이다. 외도의 삼매는 모두 아견 아애 아만의 마음에서 나온 것이고 세간의 명예와 이익, 그리고 공경을 받으려는 집착에서 비롯된 것이다.

진여삼매란 주관도 잊고 객관도 잊었을 뿐만 아니라 삼매의 상태에서 벗어났을 때에도 게으름이 없이 계속 정진함으로써 번뇌가 점점 엷어지게 된다. 모든 범부가 이 삼매법을 익히지 않고는 깨달음의 문으로 들어가는 것이 불가능하다. 세상 사람들이 선을 하여 삼매에 든다고 하는 것은 대부분이 신비한 효과에 맛을 들여서 거기에 집착한다. 또 아견에 의해 세상일에 얽매이고 선지식의 보호와 도움을 떠나면 외도들의 삼매와 다를 바가 없다.

3. 삼매를 닦음으로써 얻어지는 이익

復次精勤專心修學此三昧者 現世當得十種利益 云何爲十 一者常爲十方諸佛菩薩之所護念 二者不爲諸魔惡鬼所能恐怖 三者不爲九十五種外道鬼神之所惑亂 四者遠離誹謗甚深之法 重罪業障漸漸微薄 五者滅一切疑諸惡覺觀 六者於如來境界信得增長 七者遠離憂悔 於生死中勇猛不怯 八者其心柔和 捨於憍慢 不爲他人所惱 九者雖未得定 於一切時一切境界處 則能減損煩惱 不樂世間 十者若得三昧 不爲外緣一切音聲之所驚動

진여삼매를 전심전력을 닦아서 배우는 사람은 현세에서 열 가지 이익을 얻게 된다.

첫째는 항상 시방의 모든 부처님과 보살님이 보호하고 염려한다.

둘째는 모든 마구니와 악귀에 의하여 두려움을 받지 않는다.

셋째는 아흔다섯 가지 외도와 귀신들에게 미혹되거나 어지럽힘을 받지 않는다.

넷째는 깊고 미묘한 불법에 대한 비방을 떠남으로써 중죄와 악업의 장애가 점점 사라진다.

다섯째는 모든 의심과 크고 작은 나쁜 생각이 없어진다.

여섯째는 여래와 여래의 경지에 대한 믿음이 커진다.

일곱째는 근심과 후회가 없어지고 사는 일이나 죽는 일에 용감해져서 두려움이 없다.

여덟째는 마음이 부드럽고 온화하여 교만하지 않고 다른 사람으로부터 괴롭힘을 받지 않는다.

아홉째는 아직 삼매에 이르지 않은 경우에도 언제 어디서든지 인식대상에 대한 번뇌를 줄일 수 있고 세상살이에 탐닉하지 않는다.

열째는 삼매를 얻으면 외부에서 오는 모든 말과 소리에 놀라거나 마음이 흔들리지 않게 된다.

4. 위빠사나 수행

復次若人唯修於止 則心沈沒 或起懈怠 不樂衆善 遠離大悲 是故修觀 修習觀者 當觀一切世間有爲之法 無得久停 須臾變壞 一切心行 念念生滅 以是故苦 應觀過去所念諸法 恍惚如夢 應觀現在所念諸法 猶如

電光 應觀未來所念諸法 猶如於雲忽爾而起 應觀世間一切有身 悉皆不淨 種種穢汗 無一可樂 如是當念一切衆生 從無始世來 皆因無明所熏習故 令心生滅 已受一切身心大苦 現在卽有無量逼迫 未來所苦亦無分齊 難捨難離 而不覺知 衆生如是 甚爲可愍 作此思惟 卽應勇猛立大誓願 願令我心離分別故 徧於十方修行一切諸善功德 盡其未來 以無量方便救拔一切苦惱衆生 令得涅槃第一義樂 以起如是願故 於一切時一切處 所有衆善 隨己堪能 不捨修學 心無懈怠

사람이 오직 마음이 움직이는 것을 멈추고 삼매에 들어가는 것만을 닦으면, 마음이 가라앉거나 나태해지고 선행을 즐기지 않게 되고 대비심을 잃게 되기 때문에 관(觀)을 닦는 것이다.

관을 닦아 익히는 사람은 당연히 모든 세간의 인연과 조건에 의해서 생겨난 현상이 항상 변하지 않고 그대로 있는 것이 아니라, 순간순간 변하고 인연이 다하면 사라진다는 사실을 보아야 한다.

또 마음에서 일어나는 모든 감각, 감정, 사고, 기억 작용은 결국 생각에 생각이 꼬리를 물고 일어나면서 생멸하는 것들이기 때문에 그것이 바로 고통임을 관찰해야 한다.

과거의 기억과 생각이 만들어 낸 모든 심상은 황홀한 꿈과 같다는 사실을 관찰하고 현재의 생각이 만들어 낸 모든 심상은 번개와 같다고 관찰하고, 미래에 대한 상상과 생각이 만들어 낸 모든 심상은 마치 구름이 홀연히 일어나는 것과 같다고 관찰해야 한다.

한편 세간에 모양과 형태를 가지고 있는 모든 감각대상들[155] 역시 있는 그대로의 본질적이고 객관적인 모습이 아니라, 보는 관점과 관념, 생각, 감정, 기억 등의 영향으로 오염되었기 때문에 그 역시 실상이 아니라 겉으로 드러나는 표상일[156] 뿐이다.

그러므로 관념과 편견으로 왜곡된 표상을 보고 좋아하고 싫어하고 집착하면서 즐거워하고 고통할 것이 못 된다는 사실을 관찰해야 한다.

모든 중생이 시작을 알 수 없는 아득한 전생부터 무지가 몸과 마음에 스며들고 익혀져서 갖가지 감정과 생각과 기억이 순간순간 일어나고 사라지면서, 과거에도 몸과 마음의 고통을 받았고 현재에도 엄청난 고통과 궁색함을 겪고 있으며 미래에 받게

---

155) 눈으로 보거나 귀로 듣거나 코로 냄새를 맡거나 혀로 맛을 보거나 몸으로 감촉이 가능한 실제로 외부에 존재하는 것들.
156) 심상은 생각이 만들어 낸 모양이기 때문에 생각이 일어나는 중생의 마음 안에만 존재할 뿐 마음 바깥에는 존재하지 않지만 표상은 실제로 마음 바깥에 존재하는 사물들이다. 그러나 중생의 관념과 편견, 기억, 감정 등의 영향으로 오염되어 있는 그대로의 모습인 실상이 왜곡된 것을 표상이라고 한다.
예를 들면 관세음보살, 신, 천사 등은 생각하는 마음이 만들어낸 심상이지만 달라이 라마, 구름, 비 등은 실제로 존재하지만 그러나 우리들이 생각하는 것과 같은 모습으로 존재하는 것은 아니다. 즉, 구름의 본질적 모습과 사람들이 인식하고 있는 모습은 일치하지 않는다. 보는 이의 관점에 따라서 똑같은 구름이 슬프기도 하고 아름답기도 하다. 달라이 라마 역시 어떤 이에게는 위대한 성자, 보살이고 어떤 이에게는 그냥 평범한 중생이기도 하다. 여기서 슬프고 아름다운 구름의 모양이나 성자와 중생으로서 달라이 라마의 모양은 다 각자의 생각과 관념이 작용해서 실상이 왜곡된 표상인 것이다.

될 고통도 끝이 없다.

그러면서도 그와 같은 괴로움의 굴레를 벗어나기가 어렵다는 사실을 깨닫지 못하고 있는 중생들을 늘 불쌍히 여기는 마음을 가져야 한다. 만일 그와 같이 사유한다면 과감하고 용기있게 대서원을 세울 수 있어야 한다.

즉 '나'와 '너'를 분별하고 차별해서 '나'만 생각하는 마음을 버리고 온 세상 사람들이 모두 하나라는 믿음을 가지고 모든 선행을 하고 갖가지 방법과 수단으로 세세생생 고통하는 중생을 구원하여 그들에게 깨달음의 즐거움을 얻도록 원을 세우는 것이다. 그리하여 순간순간 머무르는 때와 장소마다 수많은 선행들을 닦고 익힌다.

Ⅳ. 선과 위빠사나 수행의 관계

1. 선과 위빠사나의 병행

唯除坐時專念於止 若餘一切 悉當觀察應作不應作
若行若住 若臥若起 皆應止觀俱行 所謂雖念諸法自性不生 而復卽

念因緣和合 善惡之業 苦樂等報 不失不壞 雖念因緣善惡業報 而亦卽
念性不可得

좌선을 하기 위해서 앉았을 때는 모든 감각, 감정, 생각, 기억 등의 마음작용을 쉬고 멈추는 수행에 몰두하고, 좌선을 하지 않는 나머지 시간이나 일을 할 때는 항상 일어나는 모든 마음의 작용들을 세밀하게 살피고 관찰해야 한다.[157]

행동하거나 머물러 있거나 눕거나 일어나거나 언제 어디서 무엇을 하든지, 반드시 움직이는 마음을 멈추는 수행과 움직이는 마음의 과정을 세밀하게 관찰하는 수행을 함께 병행해서 훈련해야 한다. 비록 중생이 모든 정신적·물질적 현상을 다섯 가지 감각기관과 감정, 사고, 기억 등의 작용을 통해서 인식하고 사유하지만 그렇다고 해서 정신적·물질적 현상의 본질이나 실상이 그와 같은 인식작용을 통해서 생겨나는 것은 아니다.[158]

그럼에도 불구하고 그와 같이 원인과 조건이 서로 상호작용한 인연[159]으로 생겨난 선행과 악행의 결과로 받게 되는 과보는

---

157) 좌선하고 앉을 때에는 마음 작용이 멈추는 것을 수행하고(止) 그 밖에 움직이고 활동할 때는 마음 작용이 일어나고 있는 상태 자체를 세밀하게 관찰하는 수행을 관(觀) 한다는 의미다.
158) 움직이는 마음작용의 멈춤을 수행.
159) 다섯 가지 감각기관과 감정, 사고, 기억의 6가지 인식주관은 원인과 조건에서 원인(因)에 해당하고 모양, 소리, 냄새, 맛, 촉감, 의미의 6가지 인식대상은 조건(緣)에 해당한다. 원인과 조건의 상호작용을 인연이라고 한다.
160) 움직이는 마음 작용 상태를 세밀하게 관찰하는 수행.

결코 없어지지 않고 피할 수 없는 사실이다.[160]

또 한편으로는 원인인 인식주관과 조건인 인식대상이 상호 작용하는 인연으로 생겨난 악행과 선행의 결과를 생각하면서도,[161] 동시에 그것의 본질과 실상은 결코 얻을 수 없다.[162]

2. 선(禪)과 위빠사나의 상호의존성

若修止者 對治凡夫住著世間 能捨二乘怯弱之見 若修觀者 對治二乘 不起大悲狹劣心過 遠離凡夫不修善根 以此義故 是止觀二門共相助成 不相捨離 若止觀不具 則無能入菩提之道

만일 마음이 움직이는 작용을 멈추는 선수행[163]을 하면 세속을 탐하고 집착하는 범부는 세속의 무상함을 깨달아서 세속에 대한 집착과 탐욕을 버리게 되고,[164] 세속의 생사윤회를 두려워하는 성문·연각은 생멸하는 현상의[165] 본 성품이 불생불멸하는 진여임을 알아서 생사를 두려워하지 않게 된다.

만일 마음이 움직이는 작용상태를 세밀하게 관찰하는 위빠사

---

161) 움직이는 마음 작용 상태를 세밀하게 관찰하는 수행→여실불공의 지혜로 발전.
162) 움직이는 마음 작용을 멈추는 수행→여실공의 지혜로 발전.
163) 무념무상의 수행, 즉 생각하는 마음 작용과 생각이 만들어낸 심상과 표상을 제거하는 훈련. 무분별의 지혜, 여실공의 지혜. 평등연, 자수용신, 본각지, 진여로 발전.
164) 범부의 아집과 법집을 제거함.
165) 색수상행식의 오온으로 이루어진 중생의 몸과 마음이 생멸하는 것을 두려워함.
166) 진여법신의 불가사의한 공덕의 지혜, 차별연, 타수용신, 진여의 작용으로 발전.

나 수행을[166] 하면 자신의 깨달음만을 위해서 수행하는 성문·연각이 생사에 고통하는 중생을 향해 대비심을 일으켜서, 좁은 마음을 없애고 중생의 이익을 위해서 깨달음을 구하는 보살의 마음으로 발전할 수 있다. 또 선행을 닦지 않는 범부가 세간의 고통하는 중생을 보고 선행을 닦고 악행을 멈추게 된다.

이와 같이 참선과 위빠사나는 깨달음으로 나아가는 길을 서로 돕고 의지하기 때문에 독립적으로 분리될 수 없는 것이다. 만약에 이 둘을 함께 병행해서 수행하지 않으면 절대로 깨달음에 들어갈 수가 없다.[167]

설명

참선 수행은 움직이는 마음을 고요하게 멈추는 작용을 하는 반면 위빠사나 수행은 움직이는 마음의 생멸과정을 관찰하는 작용이다.

그런데 위에서 일반사람이 참선 수행을 하면 세속에 대한 집착과 탐욕을 버릴 수 있게 되고, 위빠사나 수행을 하면 선행을 하지 않던 일반사람도 악한 행동을 멈추고 선행을 닦게 된다고 했다. 또 생사가 두려워서 세속을 떠나 열반을 구하는 성문·연각이 참선 수행을 하게 되면 생사열반이 본질적으로 하나임을

---

167) 지관수행은 수레의 두 바퀴와 같고 새의 양 날개와 같다.-원효 스님

알게 되어 생사에 대한 두려움이 없어진다.

반면에 성문·연각이 위빠사나 수행을 하게 되면 고통하는 중생을 향한 자비심이 생겨난다. 그래서 자신만의 깨달음을 구하고자 했던 좁은 마음을 버리고 중생의 이익과 깨달음을 위해서 수행하는 보살의 마음으로 발전하게 된다.

쉽게 말하면 참선 수행은 일차적으로 자신을 이롭게 하는 수행이고, 위빠사나 수행은 일차적으로 타인을 이롭게 하는 수행이라는 의미다.

그런데 한 가지 의문점은 지금까지 우리는 위빠사나 수행은 주로 남방불교, 즉 소승불교의 전통에서 하는 수행방법이고, 참선수행은 그야말로 보살이 중생의 깨달음과 이익을 돕기 위해서 수행하는 대승불교의 수행 전통으로 알고 있었다. 그러나 정작 대승불교의 핵심과 요체를 설명하고 있는 대승기신론에서 참선 수행과 위빠사나 수행은 깨달음을 완성하기 위해서 반드시 병행해야 할 요소로 설명하고 있다. 더욱이 위빠사나 수행을 통해서 타인을 향한 선행과 보살의 자비심이 길러질 수 있다고 말하고 있다.

나름대로 그 이유를 살펴본다면 참선 수행은 요동치고 움직이는 마음, 즉 망상분별을 무조건 무념무상으로 잠재우는 데 초점을 둔다.

그러므로 위빠사나 수행처럼 망상분별이 일어나고 사라지는 생주이멸의 과정을 세밀하게 관찰하는 데는 관심이 없다. 따라서 망상분별을 일으키는 인식의 주체와 대상의 작용이나 관계성, 상호작용에 대해서 수행자가 관찰이나 주의를 기울이지 않는다.

그러니까 다시 말하면 화두라고 하는 수단을 통해서 처음부터 인식의 주체인 '나'와 인식의 대상인 '너'를 한꺼번에 무조건 버리고 망각하고 떠남으로써 곧바로 삼매에 들어가고자 하기 때문에, 중생이면서도 중생심의 생멸현상을 세밀하게 알거나 이해하지 못할 수도 있다.

따라서 자연히 일반사람이나 성문·연각의 수준에 있는 사람들이 참선 수행에만 몰두한다면 중생에 대한 관심과 이해가 부족하므로 중생을 향한 자비심도 상대적으로 약한 것이 아닐까 여겨진다.

반면에 위빠사나 수행을 하게 되면 자신 안에서 일어나는 망상분별하는 마음의 현상을 세밀하게 관찰하기 때문에 자신을 포함해서 중생의 마음을 잘 이해하고 깨닫게 된다.

따라서 고통하는 자신과 중생을 향한 대비심이 생겨나고, 자연히 악한 행동을 멈추고 선한 행동을 닦게 될 것이다. 또 자신에게서 일어나는 일체의 마음의 현상들을 객관적으로 바라보고 관찰하는 자각능력이 커지기 때문에 저절로 나쁜 행동은 약해지고 좋은 행동은 자라게 될 것이다.

물론 어느 정도 차원 높은 수행의 경지로 가면 자신을 이롭게 하고 타인을 이롭게 하는 자리이타가 완전히 분리된 별개의 것은 아니다. 그러나 초보적 단계에서는 어느 수행에 더 중점을 두느냐에 따라서 상당히 달라질 수 있을 것이다. 그러므로 둘을 병행하지 않고 어느 한 쪽에만 치우친 수행으로는 완전한 깨달음에 도달하지 못한다는 것이다.

V. 정토왕생

復次衆生初學是法 欲求正信 其心怯弱 以住於此娑婆世界 自畏不能常值諸佛 親承供養 懼謂信心難可成就 意欲退者 當知如來有勝方便 攝護信心 謂以專意念佛因緣 隨願得生他方佛土 常見於佛 永離惡道 如脩多羅說 若人專念西方極樂世界阿彌陀佛 所修善根廻向願求生彼世界 卽得往生 常見佛故 終無有退 若觀彼佛眞如法身 常勤修習 畢竟得生住正定故

어떤 중생은 진여법을 처음으로 배우고 바른 믿음을 얻으려고 하는 마음이 있지만, 한편으로는 두려움과 나약함을 가지고 있다.

그래서 제대로 잘 수행하지 못해서 영원히 사바세계에 머무르게 되어 부처님을 직접 친견하고 가르침을 받들어 모시지 못할까봐 두려워한다.

그래서 믿음을 얻는 것이 너무 어렵고 힘들다고 말하면서 깨닫고자 하는 의욕을 상실하고 뒤로 물러나는 중생들이 있다. 그러한 중생들은 여래께서 특별히 뛰어난 방법으로 그들의 믿음을 거두어 보호하신다는 사실을 알아야 한다. 오로지 마음을 다해서 부처님을 생각한 인연으로 자신의 원대로 부처님의 땅에 태어나서 항상 부처님을 친히 뵙고 영원히 지옥, 아귀, 축생의 세계를 면할 수가 있다.

경전에 의하면 만일 어떤 사람이 오직 서방극락세계의 아미타불을 생각하면서 선행을 닦아서 극락에 태어나기를 간절히 원하고 구하면 곧 극락에 태어나게 된다. 그리고 극락에서는 늘 부처님을 가까이서 직접 보기 때문에 깨달음을 구하고자 하는 마음이 약해져서 뒤로 물러나는 일이 없게 된다는 의미다.

그러므로 만약 저 부처님의 진여법신을 생각하면서 항상 부지런히 닦고 익히면 종국에는 극락에 태어나서 믿음을 성취하게 될 것이다.[168]

---

168) 원효 스님 소에는 '필경에 왕생하게(11단계 이상, 상사견, 41단계 이상) 되어 정정(正定)에 머물기(견도 이상, 11단계 이상) 때문이다.'로 되어 있다.

VI. 수행의 공덕

已說修行信心分 次說勸修利益分 如是摩訶衍諸佛秘藏 我已總說

若有衆生欲於如來甚深境界得生正信 遠離誹謗 入大乘道 當持此論 思量修習 究竟能至無上之道 若人聞是法已 不生怯弱 當知此人定紹佛種 必爲諸佛之所授記

假使有人能化三千大千世界滿中衆生令行十善 不如有人於一食頃 正思此法 過前功德不可爲喩 復次若人受持此論 觀察修行 若一日一夜 所有功德 無量無邊 不可得說 假令十方一切諸佛 各於無量無邊阿僧祇劫 歎其功德亦不能盡 何以故 謂法性功德無有盡故 此人功德亦復如是無有邊際

其有衆生於此論中毁謗不信 所獲罪報 經無量劫受大苦惱 是故衆生 但應仰信 不應誹謗 以深自害 亦害他人 斷絶一切三寶之種 以一切如來皆依此法得涅槃故 一切菩薩因之修行入佛智故

當知過去菩薩已依此法得成淨信 現在菩薩今依此法得成淨信 未來菩薩當依此法得成淨信

是故衆生應勤修學

만일 어떤 중생이 여래의 매우 깊은 경지와 가르침에 대해서 올바른 믿음을 일으킴으로써 비방하지 않고 대승의 길로 나아가고자 한다면, 이 대승기신론에서 설명한 가르침들을 생각하고 헤아려서 닦고 익히면 반드시 더없이 높은 깨달음에 도달할 수 있을 것이다.

만약 사람이 이 가르침을 듣고 나서 깨달음에 대해 두렵고 약한 마음을 내지 않으면, 틀림없이 깨달음의 종자에 싹을 내고 키워서 모든 부처님으로부터 깨달음을 얻게 된다는 수기를 받게 될 것이다. 어떤 사람이 온 세계에 가득한 중생을 가르치고 변화시켜서 열 가지 선행을 하도록 만들었다고 해도 한 끼 공양하는 시간에 이 가르침을 올바르게 사유한다면 비교할 수 없을 정도로 그 공덕이 크다.

또한 만일 사람이 이 기신론의 가르침을 잘 받아서 관찰하고 수행하기를 하루 낮 하루 밤 동안 한다면 그 공덕은 한량없고 끝이 없어서 이루 다 말할 수가 없을 것이다.

이를테면 시방의 모든 부처님이 각각 끝없이 무수한 세월 동안에 그 공덕을 찬탄한다고 하더라도 다 할 수가 없다. 왜냐하면 진여의 본성품이 갖추고 있는 불가사의한 작용의 공덕이 끝이 없기 때문에 그 사람의 공덕도 또한 끝이 없는 것이다. 어떤 중생이 기신론을 비방하고 믿지 않는다면, 그가 받는 죄의 과보는 끝없는 세월을 지나도록 엄청난 고뇌를 받을 것이다.

그러므로 중생은 다만 이 가르침을 우러러 믿어야 할 것이요 비방해서는 안 된다. 왜냐하면 자신을 깊이 해치고 또한 다른 사람까지 해쳐서 모든 부처님과 부처님의 가르침과 그 가르침을 따르고 수행하는 사람들의 종자를 단절하기 때문이다.

또 모든 여래가 다 이 가르침에 의해서 열반을 얻기 때문이고, 모든 보살이 이 가르침을 통해서 수행하고 부처님의 경지에 들어가기 때문이다. 과거의 보살도 이 가르침을 통해서 그릇된 생각에 오염되지 않은 맑고 깨끗한 믿음을 얻었고, 현재의 보살과 미래의 보살도 당연히 이 가르침을 통해서 오염되지 않은 깨끗한 믿음을 얻게 된다는 사실을 알아야 한다. 그러므로 중생은 부지런히 이 가르침을 닦고 배워야 할 것이다.

모든 부처님들의 심오하고 광대한 가르침을 내 능력껏 전체적으로 설명하였으니 이 공덕을 법성과 같이 회향하여 널리 일체의 육도 중생계를 이롭게 하여지이다.

諸佛甚深廣大義 我今隨分總持說 廻此功德如法性 普利一切衆生界

현대심리학으로 풀어본
대승기신론

2004년 12월 10일 초판 1쇄 발행
2024년 3월 20일 초판 14쇄 발행

역저자 서광 스님
발행인 박상근(至弘) • 편집인 류지호 • 상무이사 김상기 • 편집이사 양동민
편집 김재호, 양민호, 김소영, 최호승, 하다해, 정유리 • 디자인 쿠담디자인
제작 김명환 • 마케팅 김대현, 김선주, 이선호 • 관리 윤정안
콘텐츠국 유권준, 정승채, 김희준
펴낸 곳 불광출판사 (03169) 서울시 종로구 사직로10길 17 인왕빌딩 301호
　　　　대표전화 02) 420-3200 편집부 02) 420-3300 팩시밀리 02) 420-3400
　　　　출판등록 제300-2009-130호(1979. 10. 10.)

ISBN 978-89-7479-533-7 (03220)

값 14,000원

잘못된 책은 구입하신 서점에서 바꾸어 드립니다.
독자의 의견을 기다립니다. www.bulkwang.co.kr
불광출판사는 (주)불광미디어의 단행본 브랜드입니다.